타 올게요

커피 한잔

잠시만요,

잠시만요,
커피 한잔 타 올게요

초판 1쇄 발행 2020년 6월 30일

지은이 김경진
펴낸이 장현수
펴낸곳 메이킹북스
출판등록 제 2019-000010호

디자인 안영인
편집 안영인
교정 김시온
마케팅 오현경

주소 서울특별시 금천구 가산디지털1로 142, 312호
전화 02-2135-5086
팩스 02-2135-5087
이메일 making_books@naver.com
홈페이지 www.makingbooks.co.kr

ISBN 979-11-970767-7-0(03810)
값 15,000원

ⓒ 김경진 2020 Printed in Korea

잘못된 책은 구입하신 곳에서 바꾸어 드립니다.
이 책의 전부 또는 일부 내용을 재사용하려면 사전에 저작권자와 펴낸곳의 동의를 받아야 합니다.

이 도서의 국립중앙도서관 출판예정도서목록(CIP)은 서지정보유통지원시스템
홈페이지(http://seoji.nl.go.kr)와 국가자료공동목록시스템(http://www.nl.go.kr/kolisnet)에서
이용하실 수 있습니다. (CIP제어번호 : CIP2020027263)

 홈페이지 바로가기

에세이시

타 올게요

커피 한 잔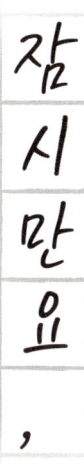

잠시만요,

김경진 지음

메이킹북스

순서

첫째 장,

사랑하니까!   9

둘째 장,

지우개 사용법   53

셋째 장,

딴짓 좀 하면 어때요!   109

넷째 장,

잠시만요, 커피 한잔 타 올게요   159

다섯째 장,

글쎄, 생각 중이야   213

prologue

*말품새

너의 한마디에 나는 치명적인 함정에 빠진다.
웃자고 하는 말에도 숨겨져 있을 것만 같은
진중한 의미를 찾아야 한다.
정색을 하기라도 하면 오금이 저린다.
함정에서 나오기 위해 나는 신경을 곤두세운다.
목소리의 낮고 높음뿐만이 아니다.

말을 할 때 느껴지는 숨결이
느린지, 빠른지, 적당한지.
동원할 수 있는 오감을 모두 집결시켜야 한다.
너의 말품새에 최상의 긴장을 유지한 채
내가 살아야 할 세상을 짓고 허문다.
그러나 어떤 말을 해도 두렵지는 않다.
이미 나의 세상은 너이기 때문이다.

첫째 장,

사랑하니까!

* 사랑한다는 것은

너는 그대로 있으면 된다.
다가가는 것도, 돌아가는 것도
내가 하면 된다.

너는 신경 쓰지 않아도 된다.
설렘도, 애탐도
내가 가지면 된다.

언제나 너는 너로 있으면 된다.
네가 있거나 없어도
나는 이제 너를 사랑할밖에 없으니까.

너는 지금처럼 있으면 된다.
어디로 가건, 어디에 있건
내가 전력으로 달려갈 테니까.

* 어떤 그리움

잎 귀가 넓은 플라타너스 나무를
흔들고 가는 바람을 보다가
갑자기 뭉클해졌어.
네 생각이 나서.
생각나는 것만으로도
너는 나를 감격하게 해.
금방 비가 오려나 봐.
네가 좀 더 그리워지겠다.

* 처음처럼

너와의 일은 모두가 처음이다.
손끝이 스쳤던 것도,
짧은 입맞춤도 난생 첫 경험이다.
깊은 포옹을 했을 때
호변에 부는 바람이 되었다.
어깨를 기대던 공원의 벤치에서
서로의 마음에 일렁이는 물결이 합쳐졌다.
손을 흔들며 다음을 기약할 때는
가슴이 뜨거워지고 눈이 시려지는
결정적인 순간이었다.
만남부터 잠시의 이별까지 생소했다.
네가 없으면 나도 없게 되는데 순식간이었다.
너를 사랑하기 시작하면서
모든 것이 처음처럼 떨린다.

* Missing No

사랑을 말할 수 있을 때 행복하다.
사랑이란 사랑은 다 그렇다고 본다.
오래전에 지나간 사랑은
그 나름대로 아름다운 추억이고
가슴 아픈 헤어짐으로 상처를 준 사랑도
값나가는 삶의 경험이다.
그러하니 지금하고 있는 사랑이야
그 가치를 무엇으로 비교할 것인가.
사랑이 있어야 삶이 삶답다.
놓아서도 놓쳐서도 안 된다.
사랑은 살아 있는 생명을 매료시켜
끊기지 않는 에너지를 제공하는
생의 원천이기 때문이다.
Missing No.
지금 곁을 지키고 있는 사람이
세상에서 가장 사랑할 사람이다.

* 말의 이면

내가 너에게 하는 말에 나는 의미를 숨겨 두곤 한다.
함부로 하지 않는 나의 말은 항상 너에게 향해 있다.

밥 먹자는 말은 너와 더 가까워지고 싶다는 뜻이다.
커피 한잔 마시자는 말은 너를 조금 더 알고 싶다는 말이다.
술 한잔하자는 말에는 너에게 나를 더 많이 보여 주고 싶다는 의미가 숨어 있다.

너를 보고 싶다는 말을 이처럼 나는 어렵게 돌려서 말한다.
매일매일 한사코 보고 싶다고 말하면 보고 싶음이 가벼워질까 봐서.

✱ 한마디

한마디 해 놓고 넋이 빠졌다.
괜히 한 말이 아니다.
너에겐 한마디면 다 되었다.

그 말, 공연히 아꼈다.
해 놓고 이제 후련하다.

"사랑해."

* 두통

너를 떠올릴 때면 말들을 놓쳐.
다른 생각들을 담지 못하겠어.
네가 꽉 차서 빈 공간이 없어.
흘려보낸 말들이 두드려 대서 머리가 아파.
너 바깥에 나는 있을 수 없다는 소명.
너와 하나같고 싶다는 공명.
나의 두통은 항상 지속적이다.

* Countdown

카운트다운을 시작한다.
기다림은 정해진 날을 향해
하루를 밀어내야 한다는 것.
그날에 온 시간을 희생해야 한다는 것.
지워져 가는 날들이
아쉽지 않게 된다는 것.

D-day에 마음은 이미 가 있다.
잘 버틸게.
속이 얼얼해.
오늘이 더뎌서.

* 혼밥하기 싫은 날

느긋함이 싫은 날이야.
얇은 이불을 걷어 내는 일이 너무 힘들어.
뭉그적거리다 등과 허리가 아파 왔어.
눈곱을 검지 손가락으로 떼어 내며
겨우 엉덩이를 일으켜서
침대 모서리에 걸터앉았어.
밤새 빗소리에 몸이 푹 젖어 버렸나 봐.
방바닥에 발바닥을 내려놓기가 망설여져.
눈꺼풀을 내리고 빗소리의 리듬에
심장의 박동 소리를 맞추고 있는데
염치없이 배 속에서 천둥소리가 들려.
비가 오는 일요일이 제일 싫어.
할 일도 없고 무언가를 할 의욕도 없어.
혼자 밥 먹기는 싫은데 배는 고프고.
네가 지나치게 보고 싶은 날은
익숙해져 버린 혼밥이 하기 싫어져.
허기보다는 허전함이 더 급해서 그래.

* 열대야

주눅이 들어서 대항할 엄두를 내지 못하겠다.
흘러내리다 살갗에 굳어 있는 체온이 끈끈이 같다.

간헐적인 나뭇잎의 흔들림을 바라보며
손부채로 가슴을 쓸어내 보지만
겨우 나뭇잎 한 장을 살랑일 정도의 바람으로는
감히 맞서지 못할 눅눅함이다.

지금 네가 나를 그렇게 만든다.
너에게 나는 항거 불능이다.
작은 눈빛의 흔들림에도 민감해지고
목소리의 고저가 불분명해질 때면
심장의 박동이 불특정해진다.

끈끈이처럼 너에게 붙어 버린 마음에 저항할 수 없다.
너는 나를 완전하게 굴복시켜 버린 열대야다.

* 냉면

우리도 질겨지자.
가루로 흩어질 운명이 되었다가
다시 하나로 엮였으니
얼마나 서로가 간절해졌겠는가.

어디에 있었는지, 어떻게 살았는지
격리된 인연으로 살아 있다
겨우 숙명처럼 묶였으니
얼마나 찰진 만남이냐.

엉키고 엉켜서 풀어지지 않으려
서로의 몸통을 돌돌 말아 올라오는 면발처럼
함께 사라지면 사라졌지, 헤어지지 말자.

* 가끔은

자주란 말은 못하겠어요.
가끔만 떠올릴게요.

그대 생각하다 죽을 듯
아프기 때문에
자주는 못하겠다는 억지를 부려요.

하지만
매 순간 그대만 그리워하며
마음을 갉아먹고 있네요.
가끔은 그래서 행복한 걸 어떡해요.

* 가을 마중

한참을 움직이지 못했습니다.
오다가 멈춰 버릴 것만 같아서.
반가움을 맘대로 드러낼 수 없었습니다.
우쭐해져서 돌아설까 봐.

쓸데없는 걱정이었습니다.
너무나 보고 싶어서 그대가 한 번 나선 길을
막아선다고 가고 오는 일을
끝내 버리지 않을 거라는 걸 잊었던 겁니다.

"어서 오세요. 들끓던 쓸쓸함을 다독이면서
오래도록 기다렸어요.
깍지가 꺾이지 않도록 손가락에 힘을 주고
그림자처럼 곁에 있고 싶어요."

마주 달려가야겠습니다.

조금이라도 빨리 손을 잡을 수 있도록.

촐싹댄다고 흉보지 말아 주세요.

그리움도 드러내야 그대 앞에서 술렁일 테니까요.

✻ 태형 같은 그리움

오늘만 이렇다고 우길 배짱은 없어.
늘 그랬지만 아닌 척 딴청을 부렸지.
아프지 않은 것처럼,
절절하지 않은 것처럼.
비가 오는 날에는 빗소리일 거라고.
뜨거운 햇살이 기승인 날에는
그늘에 숨어서.
목만 길게 늘이고 있었지.
그런데 오늘은 간절함이 지나쳐
감추질 못하겠어.
너를 기다리는 시간은
마음 곳곳을 때리는 태형 같다.

## 당장 할게

별것도 아닌데 미뤘다.
못하게 걸리적거리는 것도 없다.
절약해 숨겨 놓은 돈이 들어가는 것도 아니다.
아까운 시간을 많이 쓸 필요도 없다.
마음 한 가지만 소모하면 될 걸.
이유 없이 망설였다.

당장 할게. "널 사랑해."
이 말 한마디.

* 고백

마음이 울렁이면 전신의 모든 세포가 들썩입니다.
발톱부터 머리털 끝까지 동시에 전달됩니다.
그 빠름은 감당이 되지 않습니다.
무자비하게 나를 달궈 놓습니다.
그대는 나에게 그런 사람입니다.

* 말의 값

낮게 하늘이 내려와 있다.
구름이 무거워지면 하늘도 무게를 감당하기가 버겁다.
지면과 하늘이 가까워지면
서로 끌어당기는 압력이 높아져 바람을 일으킨다.
기어이 비를 한바탕 토해 내고 나서야
각자의 거리로 돌아갈 것이다.
마음에 담아 두었던 말의 밀도가 긴밀해졌다.
하고 나서면 후회가 밀려들까 봐서,
잘못 받아들여져 상처로 돌아올까 봐서.
하지 못하고 속에만 품고 있는 말들이 많아졌다.
나이테처럼 나이가 쌓일수록 위축되고 소심해진다.
실수를 만회할 시간이 적어지기 때문이다.
말을 하는 것보다 말을 지키는 것이 어렵다.
말값의 비쌈을 알게 된 이유다.
그래도 말의 잉여를 더 이상 담아 둘
마음의 공백이 없어지면 시원한 소나기로
무게를 덜어 내는 하늘처럼 쏟아야 한다.
너에게만은 그러고 싶다.
내 손을 잡아 줄 것 같아서, 내 등을 안아 줄 것 같아서.

* 말품삯

아직도 사랑하고 있냐는 담담한 물음에
억장의 물꼬가 터지는 줄 알았다.
그때 그랬었고 지금도 달라진 게 하나도 없다고
말품삯을 지불하듯 하는 궁색한 변명은 싫다.

움직인다고 변한다고는 단정할 수 없다.
너를 향해 움직이는 마음이 한결같거든.
그땐 그때고 지금은 지금이지만
그때나 지금이나 내가 품고 있는 사랑은 똑같다.

이 말로 답을 할게.
우리를 포위하고 있는 세계가 전부 변해 간다고 하더라도
끝까지 마음만은 단단하게 지키겠다는 평범한 약속.

모든 것들이 바뀐다 해도
너만 날 밀어내지 않으면 상관없다.

* 최고의 고백

백지 같은 시간에 얼룩이 졌지만
심상치 않은 긴박함에 적응이 되어 갔다.
수평과 수직의 생활에 어디로 꺾일지 모를
곡선이 추가되었다.
사랑은 무통의 삶에 통증을 준다.
아름다운 아픔이다.
그렇게 너를 만나서 애증에 삐걱댔다.
사랑한다면 그래도 아무런 상관이 없다.
감당하고 싶은 갈등이다.
두고두고 곁에 머물게 하고 싶은 정붙이기다.
가끔씩 토라진 네 가슴에 손을 대고
이대로 죽어도 좋겠다고 하는 말은
너와 그토록 절박한 사랑을 하고 싶다는
최고의 사랑 고백이다.

* 동침(同寢)

잠잠하던 버릇이 다시 시작되었다.
가을벌레들이 밤을 새워 사랑을 속삭인다고
나까지 싱숭거려 잠을 푹 자지 못하고 있다.
눈부신 흰 침구 세트를 사서 침대를 단장한 것도
잠 못 이루는 버릇이 도질까 봐서 미리 한 방어책이었다.
침대 커버와 패드 그리고 덮개.
마지막으로 베갯잇까지도 눈꽃이 내린 듯 하얗다.
우중충한 방 안의 분위기를 밝게 해 놓으면
칙칙한 기분이 안정될 줄 알았다.
심하게 가을을 타는 나에 대한 배려였지만
기대했던 효과를 보지 못하고 있다.
옆자리가 서늘해서 자다가도 팔을 둘러 더듬는다.
빈 공기가 이불 사이에 끼어 한 움큼 잡힌다.
가을이란 놈이 창밖을 기웃거리기만 하기 지루했나 보다.
잠 못 드는 나를 위로한답시고 동침을 시도한다.

* 秋愛

사랑하는 이야,
비가 올 때마다 네가 보고 싶은 마음이 앞서
우산을 잃어버린다.
찾을 수 없는 우산처럼
너를 놓칠까 무서워 움직이지 못하고
이미 사랑해 버린 이야,
잎이 넓은 플라타너스 나무 아래에 서서
사선으로 부딪쳐 나뭇잎을 직격하지 못하게 하는
바람이나 되련다.
사랑스러운 이야,
흘러가다 고인 웅덩이 가장자리에 앉아
동심원 속에 너의 얼굴을 그려 놓으며
묵힌 세월을 담고 있는 장독대처럼
기다림의 화신이나 될까 보다.
너를 기다리는 시간마저도 사랑하게 되어
미칠 듯 가슴이 멘다.

* 난청

오전이었다가 오후로 바뀌는 시간에
문을 열어 놓은 수통골 카페에 앉아
비 오는 날을 혼자서 다 가져 본다.
은근히 바닥을 적시는 가을장마처럼
커피 향이 낮게 깔린다.
눅눅해진 실내를 건조시키기 위해
부지런히 날개를 돌리는 선풍기 소리.
처음 들어 보는 여가수의 중저음이 매력적인 노랫소리.
달가닥거리는 여주인의 컵 닦는 소리.
빗소리에 겹쳐 저만이 낼 수 있는 소리들이 섞인다.
언제부턴가 나는 귀가 잘 들리지 않는다.
소리들이 합쳐져 하나로만 들린다.
너의 목소리에 귀먹은 순간부터다.
한 사람의 소리에만 반응을 하는 난청에 걸렸다.

* 愛人

그립다는 말이 입에 붙었다.
보고 싶다는 말이 살갑다.
너에게만 그렇다.

* 의외의 만남

"다음에 또 만나요."
건성으로 웃으며 내놓은 말 한마디가 끝이다.
다시 만남을 갖기 싫다는 암시를 품은 말이다.
하는 일 때문에 어쩔 수 없이 접촉이 필요할 때도 있고
내키지 않지만 주변의 간곡한 권유 때문에 갖게 된 만남도 있다.

만남에 마음이 동하지 않으면 정성이 들어가지 않는다.
정성이 없으면 진정성이 없어진다.
시간을 적당히 때우게 되는 일회용 만남이다.
처음의 악수가 다음의 악수로 이어지려면
서로의 이익점이 충돌하거나 마음이 끌려야 된다.
만남에는 의도가 개입되어야 한다는 것을 인정할 수밖에 없다.

한눈에 반하기도 한다.
기묘한 매력에 유인당하기도 한다.
그러나 극히 제한적이고 예외적인 경우에 일어나는 일이다.
이어 가야 할 이유가 확실하지 않은 만남에
대부분은 처음부터 시큰둥하게 되어 있다.
예의를 다해 대하고 서둘러 자리를 정리하고 싶어 한다.

그리곤 말한다.
"오늘 즐겁고 유익했습니다."
"시간 되면 다시 만나 보고 싶습니다."
시간이 아무리 넘쳐나도 별로라는 말을
주고받으며 입꼬리로만 웃는다.

그대를 처음 만나서 알게 되었습니다.
맞잡은 손에서 스파크가 튈 수 있다는 것을.
마주 바라보는 속눈썹의 인력에 끌려 눈이 멀 수 있다는 것을.
한 번의 만남이 맹목으로 얽힐 수 있다는 것을.

* 편지

참, 다행입니다.
매일 생각해도 싫증이 나지 않는 그대가 있어서.
갈수록 깊숙이 빠져드는 그대의 미소를 볼 수 있어서.
그리고 고맙습니다.
바닥에 닿지 못할 만큼 처연한 외로움을 잊게 해 줘서.
잠 못 드는 긴 밤을 짧게 해 줘서.
황화코스모스가 핀 길을 걸어가서 가을을 만났습니다.
꽃잎의 향기를 모아 그대에게 부칩니다.
나의 말과 몸짓에는 모두 그대를 사랑한다는
수줍은 고백이 숨겨져 있습니다.
그대에게 날마다 쓰는 편지에는
'보고 싶어요, 그립습니다'라는 말이 태반입니다.
사랑을 표시해 내기에 나태해지지 않으려는 겁니다.

* D-day

    정해진 날을 기다리는 건 하루하루를 지워 나갈 수 있어서 좋습니다. 하지만 그날을 향해 가는 중임에도 시간이 한도 없이 지루합니다. 기한이 없는 기다림은 기다린다는 사실을 망각해야 하지만, 눈에 보이는 날을 기다리다 보면 눈이 빠지고 마음이 빠집니다. 더 간절해지기 때문입니다. 지독하게 절절해지기 때문입니다. 그렇다고 할지라도 달력에 붉은 동그라미를 그려 놓고 손을 꼽아 보는 기다림은 얼마든지 하겠습니다. 반드시 그날이 올 것이기 때문입니다. "당신, 알고 있지요. 약속한 날이 가까이 올수록 매일매일 사랑이 커지고 있다는 것을. 당신이 오고 있는 시간을 마음에 타투로 새기고 있다는 것을. '사랑해요'라고 날마다 속삭이고 있을게요."

✱ 傳心

먼저 말해야 진실해지는 말이 있습니다.
말할수록 자존감이 커집니다.
손해 같지만 얻는 것이 더 많아집니다.
말해 놓으면 멋쩍음이 없어집니다.
기다리지 말아야 할 말이 있습니다.
말해야 불이 붙고 마음이 열립니다.

"나는 이미 달달해졌어요. 사랑합니다."

* 눈부처

매일 한순간도 놓치지 않으려 합니다.
신경을 바싹 긴장시켜 당신 곁에 있을 겁니다.
웃어서 좋은 만큼 울어도 좋아하렵니다.
달콤한 입 냄새만큼 날카로운 말에도
민감하게 반응하겠습니다.
나 이외에 다른 곳을 보지 말아 달라고
칭얼대는 질투를 계속하려 합니다.
눈부처처럼 눈 밖에 내놓지 않으렵니다.
날마다 잘 달라붙을 랍니다.

* 가끔이 아니었다

메시지를 확인하다 허전해지기도 한다.

쓸모없이 뿌려진 스팸급 문자들.

전혀 궁금하지 않은 사람의 안부.

수신 거부를 눌러놨다고 여겼는데

들어와 있는 보기 싫은 사람의 문자.

너의 소식이 없을 때면 불안하다.

불쏘시개보다 못한 활자들을 삭제하며

너에게 나는 가끔이 아닌 항상이 되기를.

그리하여 봐도, 봐도 그립고 숨찬 입맞춤 같기를.

생애를 탈탈 털어도 지치지 않도록 사랑한

여전함이기를.

* 시월에게

   다시 오길 기다리기도 했고 오지 않기를 바라기도 했습니다. 오락가락하는 마음의 갈피를 끼울 곳이 없었습니다. 시월은 열까 말까 망설여지는 책갈피와 같습니다. 사랑을 시작한 것도 사랑을 지워야 했던 것도 시월이었습니다. 시월은 삶의 사연들이 빼곡히 메모되어 있는 양장본 자서전입니다. 표지를 열면 다시 이야기를 이어 적어야 합니다. 슬픈 이야기는 이제 쓰고 싶지 않습니다. 하염없이 아프고 대책 없이 외롭다는 뻔한 가을 넋두리를 적어야 한다면 책장은 열지 않는 게 좋겠습니다. 그러나 삶의 기록을 중단할 수 없어 결국 열게 될 겁니다. 볼펜을 굴리며 쓰고 싶은 말을 생각해 봅니다. 듬성듬성 여백을 남겨 놓으며 이제는 담담한 소망들을 적어 가고 싶습니다. "뒤틀려 쓰려 왔던 위장이 안정됐어요. 과민하던 장이 편해졌어요. 춥지도 덥지도 않은 온도를 유지하며 그대를 안아 줄게요. 지나치지 않게 덜하지 않게 정속을 유지한 마음으로 그대에게 안겨 있을게요. 많이, 정말 많이 사랑해요."

* 말 걸음마

언어를 택하는 기준이 조심스러워진다. 듣기 싫은 말이 되지 않았으면 한다. 전하고 싶은 대로 들려주기를 원한다. 듣자마자 기분이 좋아질 말을 찾는다. 긴 말보다 짧은 말이 좋다. 논리에 매달리고 싶지 않다. 감성에 직접 개입하는 말이면 좋겠다. 듣자마자 그렇겠다는 수긍이 있으면 하고 바란다. 부연이 필요할수록 난해해지고 말들이 더해져야 한다. 너에게 하고 싶은 말을 잘 해내려고 말 걸음마 중이다. 사랑한다고만 해 버리면 소중해지지 않을 말이 될까 봐서. 그립다고만 하면 너무 식상해져 버릴까 봐서. 적당히 길고 단단한 말을 탐색 중이다. 나의 공부는 온통 너에게 절절하게 닿기 위한 말 사냥이다.

* 하루 살기

한 번 이상 사랑한다 말 걸기.
두 번 이상 서로의 마음 안아 주기.
세 번 이상 힘을 빼고 가슴 포옹하기.
무엇보다도 많이 눈 맞춤 하기.

* Me Too

잘못했습니다. 나를 탓하겠습니다.
처음부터 그러려고 그런 것은 아니었다는
변명은 하지 않겠습니다.
이미 결정돼 돌이킬 수 없게 되었습니다.
무조건 사과합니다.
유감이라는 말 한마디로는 씍운 상처를 씻어 줄 수 없습니다.
애초에 하지 말았어야 했습니다.
빌미를 주었고 아프게 하고 말았습니다.
미안합니다. 용서하세요.
소심한 성격대로 살아야 했는데 한순간 대범해졌었습니다.
원하지 않은 결과가 나와 당황했었다는 말도 거짓말입니다.
의도가 개입되지 않은 행동은 없습니다.
불순했습니다. 책임을 지겠습니다.
당신이 그토록 간절하게 나를 사랑해 줄지 몰랐습니다.
나만 사랑하고 있어서 심술이 났었습니다.
사랑한다는 말을 너무 자주 입에 달고 살아서
당신을 헤어 나올 수 없도록 중독시키고 말았습니다.
이제 달리 도리가 없습니다. 계속 사랑할밖에.

* 변명

네가 그곳에 있었는지 알아보지 못하고
하마터면 잊어버릴 뻔했다는 당황스런 말을 합니다.
아무 말도 하지 않는 것보다는 나을 겁니다.
무반응은 너무나 서운하게 하는 것이어서
오해라는 골짜기를 팝니다.

듣고서 싱거워 웃어 버릴지도 몰라요.
되지도 않는 말을 한다고 타박이 나와도 상관없어요.
변명은 그냥 변명으로 들으면 돼요.
이해시키고 싶다는 말이 아니에요.
미안하다는 쑥스러움을 전달하고 싶은 거예요.

"꽃인지 단풍인지 분간이 가지 않는
붉은 그늘 속에 노랑턱멧새처럼 앉아 있는 모습이
너무나 아름다워 너인 줄 알아보지 못하고 지나쳐 버렸어.
꽃단풍 같은 너에게 취해 정신을 잃어버렸던 거야.
네가 있는 곳은 넋이 빠지도록 예쁜 풍경이 돼."

* 꽃처럼

붉은 꽃송이처럼 살겠습니다.
뒤돌아 가지 않고, 지나간 시간에 연연해하지 않고
열열하게 살겠습니다.
마음 나누어 쓰지 않고, 한눈팔 일 만들지 않고
활짝 펴서 살겠습니다.
화르륵 타오르는 벚꽃처럼.
빈틈없이 공간을 메우는 여름날의 톱풀꽃처럼.
무리 지어 바람을 타는 코스모스처럼.
때를 가리지 않고 빛나는 사철 장미처럼.
지치지 않고 살겠습니다.

* 날개

흐린 하늘에 날개들의 군무가 가득합니다.
삶의 터전을 이동하느라 분주합니다.
겨울을 대비하는 그들만의 방식은
떼를 지어 날갯짓에 힘을 싣는 것인가 봅니다.
목적지가 정해져 있든, 어떤 곳이나 상관없든
날개에 힘이 다할 때까지 멈추지 않을 것입니다.
어쩌면 접은 날개마저도 편하지 않을 확률이 높습니다.
잔인한 바람에 떠밀려 이리저리 구르기도 할 것이고
지나가는 발부리에 밟히고 채이기도 할 것입니다.
잎맥이 드러나도록 퇴색하고
썩어서 땅과 섞이기까지 고난의 날갯짓은
그만둔다고 그칠 수 없을 것입니다.
당신을 멀리 날려 보내 준 이후로 한결같이
수많던 날개들과 이별을 한 나무처럼
나의 동공은 잿빛 하늘만큼이나 퀭해져 있습니다.

* 기대에게 기대다

기대가 매번 이뤄진다면 좋겠다고 기대를 합니다.
그러나 기대가 기대로만 끝나는 경험을 자주하게 됩니다.
그렇다고 실망감에 기대를 하지 않고 살아갈 수가 없습니다.
기대가 없으면 무료하기 때문입니다.
기대를 위해 기대를 만들면서 사는 것에
익숙하다는 것을 부인할 수 없습니다.
누군가를 기다리는 것도 기대의 일종입니다.
하고 싶어 안달이 난 기대,
하고 싶지 않아서 미루거나 잊어버리고 싶은 기대.
기대를 안 하고 싶다는 것도 기대입니다.
삶의 시간은 기대를 만들고 지우는 연속입니다.
그립습니다. 보이지 않을 때는 보고 싶어 그립고
보고 있지만 더 자세히 보고 싶어 그립습니다.
그리움의 기대는 고갈되지 않았으면 좋겠습니다.
당신을 보는 일은 붉은 단풍처럼
단맛이 날 것 같아서 물리지 않습니다.
보고자 하는 기대에게 기대며 마음 졸이는 일은
달아서 가슴팍이 물컹거립니다.

* 노을을 보며

한참 동안 뜨거웠습니다.
불길이 일어나서
숯불처럼 붉어졌습니다.
꺼지지 않았으면 좋겠다는
생각을 하면서
얼굴이 달아올랐습니다.
아마 가슴에서 발열되는 기운이
그대로 전해진다면
당신도 나만큼이나 한동안
뜨거워질 거라고 믿어집니다.
오래도록 지는 해일수록
노을이 진하다는 사실을 잊지 않을게요.
당신이 있을 때처럼 당신이 없을 때도
나는 한결같습니다.
당신은 저물지도 않는
그리움이기 때문입니다.

* 한담에서

어느 날은 괜찮았고 어떤 날은 아렸습니다.
사랑했다고 하다가 사랑한다고 말을 바꾸기도 했습니다.
붉은 등대의 지붕 아래에 서서 하얗게 포말로 부서지며
애월의 바다를 삼키던 그때에 나는 멈춰 있나 봅니다.
애매하게 파도는 비양도를 돌아
추자의 바다 빛을 에메랄드로 멍들이고 있었고
털머위꽃을 한 송이 꺾어 들고
나는 물결의 향기에 마취되었던 것 같았습니다.
멜론 향이 난 것도 같고 밀감 빛에 포위된 듯도 합니다.
그대는 그처럼 바다였다가 한라였다가
변신을 하면서 나를 혼란에 빠뜨렸습니다.
겨울 바다가 나를 복합 감정에 밀어 넣는 이유를
나는 그대 탓으로 돌릴 수밖에 없습니다.
십이월엔 애월에서만 그대를 만날 수 있어서
방파제마다 나를 두고 다닙니다.

* 띄우지 못한 편지

　너를 만나면서 모든 것이 서툴러졌다. 오래전에 경험한 것 같은데도 생소했다. 어색함이었을 것이다. 꿈꾸던 익숙한 상황이 왔음에도 그 상황 속에 들어와 있다는 것이 실감 나지 않았기 때문이다. 한 사람에게 집중해야 한다는 것은 숙달되지 않는 낯섦임에 틀림없다. 처음 너를 본 이후 지금까지 그 낯선 떨림을 표현해 내는 것이 부끄러워서 내내 미안했다. 각자로 살아왔던 한 번의 생을 마치고 새로운 생을 시작하는 우리에게 좀 더 세심하고 조금 더 기억에 남겨질 시간이 되도록 모든 정성을 쏟아야 했는데 당황스럽고 어색해서 그러지 못했다. 하지만 시간이 지날수록 너는 내게 지워진 운명 같은 사랑임을 느끼게 된다. 평생을 앞으로 함께하면서 내가 줄 수 있는 사랑을 다 쏟으려 한다. 다른 환경, 다른 생각, 다른 나이의 세대. 우리는 다를 수밖에 없다는 걸 인정한다. 다름은 같지 않다는 단정으로 선입견을 가지라는 것이 아니다. 서로의 언어에 귀 기울여 공통의 가치를 공유하라는 것이다. 때론 사소한 다툼이 우리를 힘들게 할 수 있다. 이해하는 방식은 다른 언어의 벽이 오해를 만들 수도 있다. 감내하면서 이해하면서 살아가야 한다. 충돌이 생기면 먼저 말을 걸고 웃어 주며 원인을 제거해 가도록 하자. 이제 우리 둘만의 세상을 우리가 만들어 가야 한다. 최고의 노력을 기울여도 부족할 수 있다는 걸 안다. 하지만 늦어서 절실한 만큼 너에게만은 최고의 사람이 되도록 살아가겠다. 보여 줄 수 있는 사랑이 작아서 미안하지만 내 곁으로 온 네가 이미 나의 세상이 되었다.

* 오래된 편지

그때는 빛이 고왔을 편지지의 색이 바랬더군요.
또박 눌러 썼던 글씨가 옅어졌네요.
바탕에 꽃무늬가 꽃대만 남겨 놓고 희미해졌어요.
글자를 읽어 나가다가 가슴에 파문이 입니다.
사랑한다는 말도 없고 보고 싶다는 고백도 없지만
바라볼 수 있는 곳에 있어 달라는 담백한 표현이 애틋해
얼마나 절절한 마음인지 느껴집니다.
서랍 정리를 하다 손에 들어온 편지를
오래도록 내려놓을 수가 없습니다.
당신과 작별을 하던 아련한 슬픔 속으로 빨려드는 감정은
먼지를 털어 내듯 날려 버리질 못하겠어요.
너무 꼭 쥐고 있으면 가루로 흩어질까 무서워
접혀 있던 결대로 접어서 자주 보는 책 사이에 끼워 넣습니다.
생각날 때마다 당신을 꺼내 보고 싶어서.

둘째 장,

지우개 사용법
- 책 속의 작은 시집

* 時間의 詩

비가 오면 빗물이나 될게
바람이 오면 바람이 될게
풀잎에 오르는 햇살이나 될게
꽃이 피면 꽃물이 될게

그대 오기를 기다리며
길목을 지키다
휘적휘적 앉아 있는 시간이 될게

* 왜 사냐고 물으면

왜 사냐고 물으면
그대 봐야 할 날이 많이 남아서라오

왜 사냐고 또 물으면
그대 봐 온 날이 양에 차지 않아서라오

그래도 왜 사냐고 하면
그대 보고픔이 멈추지 않아서라오

차마 벗겨 낼 수 없는
그대 얼굴을 보고 또 보고 싶어서

* 고요하다는 것

소리가 없다고 고요한 것이 아니다
평정을 찾았다고 고요한 것도 아니다
마음 둘 데가 없어지고 나서야
고요함의 진 뜻을 알아챈다
거친 숨소리, 진통제와 수액과 영양제가
방울방울 떨어지는 미세한 소리까지도
나를 고요하게 만들지는 못했다
눈 감아도, 눈 떠도 눈물막이 걷히지 않아서
고요해져 버린 것이다

* 사랑의 방식

가볍게라도 그대 이름을
자꾸 불러 보네
자주 눈물이 마려워서
찔끔거리는 시간을 미루지 못한다네
부르지 않아도 잊히지 않겠지만
내가 나를 견뎌 주기 위해
착잡해지는 거지
한 사람을 사랑하는 것은
이름을 지켜 주는 것이지
바닥이 없는 가슴에 이름을 새겨 놓고
또박또박 소리 내 불러야만
마음 단단해질 수 있지
무겁지 않게 그대 얼굴 어루만지듯
이름을 쓰다듬어 보네
내가 할 수 있는 가장 아름다운 사랑을
품고 있는 방식은
그대 이름을 불러 보고
또 부르는 반복이라네

# 사랑한다는 말은

사랑한다는 말은
파문과 같아서
수많은 동심원을 아울러 내며
첩첩 쌓이지

사랑한다고 말하고 나면
개켜 놓은 이불을
펼치는 것 같이
움츠러진 세포들이
훌훌 일어나지

사랑이라는 말이
사랑하는 사람과 사슬을
줄줄이 엮어서 길어질수록
마음이 단련돼 진동처럼 오가던
잔 떨림은 잔잔해진다고

그대의 귓불에 소곤거리는

사랑한다는 말은

심장에 파문처럼 번져

물결무늬로 새겨진다고

* 죽변항에서

다리를 포개고 앉아
바다를 향해 열린 창문에
얼굴을 서로에게 기댄다
눈동자가 마중을 나와 있다
반짝이며 마주 들어간다
파란 하늘도, 푸른 바다도
눈 안에서 너울댄다
맞닿을 수는 없어도
하늘처럼 살자
바다처럼 살자
거칠 때는 거칠게,
잔잔할 때는 무료하게
보이는 대로 보고
느껴지는 만큼만 잡고
눈 맞춤 하며 호젓해지자
뜨거워야만 사랑이 아니다
미지근해야 오래간다

* 가지 못한 길

가다가 만 길 하나를
오늘 내려옵니다
멈춘 길을 다시 가려면
마음 새롭게 다지고
몸단장도 별나게 해야 합니다
도중에 서 버린 길은
미뤄 둔 연장의 여정이 아닙니다
전혀 다른 길이 되는 것입니다
언제쯤 갈 마음이 생길지
마음 생긴다고 갈 수 있을지
장담할 일도 아닙니다
한 번 가지 못한 길은
영영 갈 수 없는 길이
되었다는 것입니다

* 선몽

자다 깨다 그대를

몇 번 만났다

손끝에 잡힐 듯 아쉬운 거리를

끝내 나는 닿아 내지 못했다

그래도 꿈속을 찾아주는

그대의 마음이 기꺼워

행복한 불편함이었다

잠이야 죽을 즈음

지겹도록 잘 수 있으니

지금 억지로 자려 할 필요는 없다

그대의 옷깃만이라도

보게 되는 꿈이라면

선한 꿈이다

깨기 싫은 잠이다

* 참된 이별

사람을 놓아주는 일은
그가 맺어 놓은 순간들도 보내 주는 일이다
하나라도 남겨 놓으면 놓아준 것이 아니다

사람을 보내 주는 일은
마음을 닫는 것이 아니다
그와 함께한 모든 마음을 열어 주는 것이다

나에게만 머물지 않고
누군가에게도 구애받지 않도록
자유를 개방해 주어야 나도 풀려나게 된다

사람을 잊어 주는 일은
지워 버린다는 것과는 다르다
사랑함을 멈춘다는 것이 아니다
더 많이 그리워하겠다는 다짐이다

* 남아 있는 시간을 위하여

지금 아픔을 느끼는 것보다
수만 배 더 아플 거라고 알겠습니다
저무는 하늘이 붉은 것은
아픔들이 모여
피눈물을 흘리기 때문일 겁니다
새벽 해가 핏덩이 같은 것은
그 날도 지난 시간처럼
아플 것이기 때문입니다
아프다는 것,
놀랍게도 살아 있다는
증거임을 잊지 않겠습니다
아플 수 있어서 다행인
남아 있는 시간 동안
천만 배, 억만 배로
아프게 살겠습니다

* 이유

   세월만 가지 않지 사랑도 함께 가고 영원도 가는 거지 뒤돌아볼 필요는 없어 뒷걸음질하지도 말자 앞으로만 가는 것이 시간이란 걸 모르지 않잖아 상처가 있을수록 등 뒤를 생각하지 말고 냅다 앞으로 뛰어가 시간과 보조를 맞춰야 해 가고 가야 건너뛸 수도 있지 느릴수록 가슴 더 찢어질 뿐이야 가는 것들이 많아야 덜 아파져 오는 것들은 알 수 없고 알 필요도 없어 맞이할 맘만 다지면 돼 사랑을 전부 쏟아 냈다고 생각해도 멈추지 않고 또 들어차는 것처럼 근원의 바다를 찾을 수 없는 무저갱도 세상엔 의외로 많아 사람이 그래 알아도 알아 가도 결국 몰랐던 특별함이 튀어나오는 괴생명체야 어떤 정밀함으로도 이겨 낼 수 없는 것이 사람의 마음이야 그래서 사람은 정복될 수 없지 하나님도 과학도 영원히 사람을 종속시킬 수는 없어 오직 시간에 적응하는 유일한 존엄체가 바로 나라는 걸 잊지 말자 그렇게 사랑해 그리고 숨 멈출 수 있을 때까지 그리워할게

* 지우개 사용법

한 사람의 자취를 찾아다니며 지우는 일은

망설여지고 쓸쓸한 일이다

같이 만들어 왔던 추억도 지워 내고

그 사람이 안고 있던 상처도 지워야 한다

더불어 나에게 붙어 있는 생채기도 털어 내야 한다

한 사람의 행적을 따라가야 하는 일은

나를 지우기 위해 찾아가는 자해의 여정이다

그 사람보다도 먼저 나를 지워야 한다

내가 먼저 아프지 않고는

그의 생애에서 벗어날 수 없다

그가 걸었던 길목에서 서성이고

그가 말을 걸었던 잎 넓은 마로니에 밑에서 주저앉고

좁은 창을 통해 나란히 눈발 날리는 거리를 보던

카페에서만 들을 수 있던 이문세의 노래들도

이제 멀리해야 한다

지우개가 지나간 자리는 흔적이 남는다

그 사람이 남기고 간 최후의 눈물이다

한 생을 통으로 남긴 잔해다

* 한 사람에게

한 사람을 사랑한다는 건
그의 전부가 되겠다는 말이다

한 사람을 이해한단 건
그에게 나를 다 주겠다는 다짐이다

나는 한 사람을
사랑했고 이해했다

전부가 되고 싶었다
다 주고 싶었다
그가 돼 버리고 싶었다

* 발가락

서로 맞닿지 못하면서도
양말을 끼우면
생채기를 냅니다

지 발가락을 속으로
파고들어 가는 엄지발톱

새끼발가락을 눌러
피를 내는 약지 발톱

검지와 장지는 닿지 말아야 할 거리를 좁히며
지들끼리 견고한 역할을 하겠다는
자리다툼이 역한 냄새를 만들지요

그래도 살 맞대고 있어 줘서
고린내도 따숩습니다
당신도 그랬지요
곁을 떠나니 벗어 버린
양말보다 헐겁습니다

* 하지 못한 말

숨겨 놨던 말이 생각났어
수없이 해 버릴까 망설였지
그러나 하지 못했어
내 영혼이 담겨 있어서
털어놓으면 혼 빠진 사람이 돼 버릴까 봐서
그런데 네가 가 버린 지금 후회가 되네
혼을 이입하는 말이었다는 것을
그 말속으로 너의 혼도
데려올 수 있었을 말이란 것을
가슴 찢어지는 시간을
나 혼자가 돼서야 알게 되다니
할 말은 주춤거리면 가치를 잃게 된다고
하지 못한 말이 되면 절망이 된다고
늦게야 사무치게 깨달았어
되돌아가서 말해 주고 싶어
할 수 없게 돼서야 더 간절해져 버린
그 한마디

지금 하고 해도 전해지지 않고
멋지 못하는 내 슬픔의 언어일 뿐이지

너를 나처럼 여겼어
그렇게 사랑해

* 독백

천천히, 아주 느리게
한마디 한 호흡

마치 정지된 세계에서
정제된 정밀함에 빠진 듯
의미의 함정을 허우적인다

가장 작은 말로
제일 깊은 숨결을 전한다

안녕
이 한마디 하기가
이토록 어렵다

* 사랑한다고

누구에게도 나는
눈물을 불러 주는 사람이
아니었기를 바랍니다

사랑한다는 것은
심난하고도 먼 길이어서
아무리 가 봐도
끝이 보일 것 같지는 않습니다

미련한 짓인 줄 알면서도
그칠 수 없는 것은
그래도 가야만이
당신의 끄트머리라도
바라볼 수 있을 것 같기 때문입니다

어제도 그랬어요
지금도 그렇습니다
당신에게서 단 한 걸음도
나는 물러서지 못했습니다

* 치명적인 사랑

이제부터 나는 나에게
내가 아니고 싶다
사랑은 일탈이었고
제정신으론 시작도
지킬 수도 없는 것이었다
나에게서 나를
벗겨 내지 못하는 한
사랑도 사랑이 아니다
돌아오려 해서도
피해 가려 해서도
사랑은 사랑이 아니다
나를 떨쳐 내고
나를 이겨 내지 못하는 한
속절없어질 뿐이다
떠나려 할수록 절정이 돼야
치명적인 사랑인 것이다

* 봄비를 맞이하며

바람이 그쳤네요
바람이라고 불기만 하겠습니까
빗물 속에 몸을 감추고
축축이 젖고 싶었나 봅니다
봄을 섞어 오는 비를 맞이하며
나도 그대에게만 불어 가던
그리움을 잠깐 멈춰 봅니다
젖은 바람처럼 쉬고 싶은 겁니다
끝나지 않을 길을
한없이 가려는 방법입니다

* 쓰나미

  지워 가고 있다고 믿었다 붉은 노을처럼 깊게 하늘을 밝혔던 시간도 어둠에 묻히듯 때를 만나면 깜깜해지겠구나 기다렸다 해 지고 있던 바닷가 모래사장에 서서 끝도 알지 못할 바다를 보며 나는 파도같이 출렁였다 물결의 무등을 타고 보이지 않을 끝까지 가고 싶었다 그러나 물살은 모래사장으로 다시 돌아오고 나도 돌아올 뿐이었다 쓰나미였다 갈 때보다 더 큰 덩치로 휩쓸려 왔다 시간은 지운다고 흔적마저 없앨 수는 없다 내 전 생애를 겹겹이 쌓아서 덮치고 겹쳐오는 너울이었다 마음에 각인된 상흔은 추억의 홍수에 쓸려 난파되기 일쑤다 파도야 어쩌란 거냐

* 결별

완전하고 완벽한 이별을

결별이라 부르겠습니다

다시 이으려 하지 않는 것,

서운함도 서러움도 원망도 못하겠습니다

원죄를 지닌 사람의 몫입니다

비로소 홀로 불현듯 존재하겠습니다

그래야 한다면 모진 운명에 복종하겠습니다

피로 연결된 인연도 별거 아닐 겁니다

사람과의 맹약이 깨어지듯

절단이 날 수 있겠지요

행여나 뉘우침을 깨달을까 품었던 기대와도

지금부터 최종적인 격리를 하고야 맙니다

서로에게 상처일 연분은

더 이상 인연이 아닙니다

* 비의 손

짧은 줄 알았을 땐 피할 수 있었다
길고 줄기참을 알았을 때
벗어나는 걸 포기했다
너의 손이 거칠게 뺨을 때릴수록
변태처럼 통쾌한 희열을 느꼈다
피하의 세세한 조직 세포에 전파되는
은근한 쾌감에 중독되었다
얇았다 굵어지길 반복하는 손짓을
피하기가 싫어졌다고 말하고 싶은 거다
집으로 돌아갈 길은 잊었다
너로 인해 무너진 흙더미일 뿐이다
단발적으로 끊어질 순간도 오겠지
그래도 피하겠다는 생각은 이제 못하겠다
한 번에 빠져든 너의 손아귀는
내가 걸어 들어간 구덩이였다
계단도 밧줄도 없는 속 깊은 수렁 같은

짐 정리

서랍마다 시간의 늪이다

꼬질꼬질하게 함께한 추억이 때 묶어 있다

아주 오래전 손 글씨 편지를 읽다가

털썩 주저앉아 흐느껴 울었다

버리고 버려도 끝내 다 버릴 순 없다

케케묵은 세월이 그대로 남는다

손가락에 피가 배여 있다

지워질 수 없는 흔적을

억지로 쓰레기봉투에 밀어 넣다

새로운 흔적을 뼈아프게 새긴 거다

지우려 말자 잊겠다고 약속도 못하겠다

죽어서야 그리될 것을

살아서 하지 않도록 할게

* 수선화에게

오랜만이야

이 말도 오랜만에 하네

오래되었다는 게

추억을 숨기고 있다는 걸

서로 알지

사랑했어 혹은 지금도 그래

고백하면서 너도 그런지

넌지시 묻는 말이지

너에게서도 같은 말이 나오기를

간절히 기다리는

내 손이 무모하지 않게

마주 잡아 줘

동음동의(同音同意)어가 되게

* 이별은 석양처럼

하루를 다한 해가 바다에 걸쳐 있는
이호테우 해변에서
너를 보내지도 못했는데 금방 먹먹해진다
쑥쑥 바다 밑으로 빨려 들어가며
붉게 울음을 삼키는 해처럼
뭉개진 마음으로 서서
애꿎은 해변에 빨개진 눈총을 쏜다
사랑을 지켜 내지 못하면
두고두고 가슴에 진물이 흐른다
오체투지를 하며 석양처럼
이별을 말하지만 될 성싶지 않다
아직은 멀었다, 지금이 그때가 아니다
더 아파라, 추억이 뼈에 새겨질수록
눈물의 농도는 진득해진다고
해를 삼킨 잔파도가 겹겹으로 몰려온다

* 송악산 아래서

자꾸 물러나기만 한다
파도는 다가오기만 하는데
두려움이겠지 맞서지 못할 이유가
내 안에서 빠져나가지 않고
단단히 나를 얽고 있겠지
바다를 마주 보기만 할 뿐
다가갈 수가 없다
파도에 맞을수록 시커먼 멍 자국이
선명해지는 현무암처럼
속 검어지기만 한다

* 톱머리 바다에게

전부를 지우겠다고 단언할 수 없다

하나도 잊지 않겠다고 약속할 수도 없다

지워지면 지워지는 대로

잊히면 잊히는 대로

나는 가만히 있어야 할 뿐

하겠다고 말겠다고

말하지 못하겠다 말할 수 없다

채웠다 비웠다 때를 맞추는

이치에 밝은 바다여

이제 그만 나를 숨겨다오

절망해도 좋다고 쓰러져도 괜찮다고

잔잔하게 물결 답을 보여다오

* 짱뚱어다리에서

땡볕에 몸살이 돋는
여름, 어느 날
증도의 짱뚱어다리에서
갯지렁이처럼 갯벌 깊숙이
숨어들고 싶었네

햇빛에 몸을 말리지 않아도
피부로 숨을 쉬며
빠져나오지 못할
수렁을 깊게 파고 싶었네

들고 나는 파격의 물결에
떠밀리지 않아도 될
견고한 슬픔을 묻고 싶었네

웅크린 몸을 돌돌 말고
그대를 품은 뼈마디를
다신 풀고 싶지 않았네

* 간월암에서

그대의 흔적을 따라왔지만
어디에도 없다
암자의 단청이 조금 더
세월 깊어졌고
방파제 끝이 뭉툭해졌지만
그때 함께 걸었던 그대로의 모습이다
하지만 실루엣 같은 허상만
아른거릴 뿐
그대의 실제는 없다

* 파도가 우는 까닭

낮게 새 한 마리 수면을 날다
날개가 파랗게 물든다
나만큼 쓸쓸한 사람이
나보다 외로움을 크게 새기며
비운 소주병이 주둥이로
바람을 울리고 있는
방파제를 향해 바다는
수평선에서 몰려왔다가
세월이 든 작은 어선 뱃머리 아래를
돌아가며 철렁철렁 운다
등대 밑에서 바다와 수평을 맞추며
낚싯대가 주인 없이 저 혼자 흔들린다
가져온 걱정거리들을
버리고 가는 사람들을 대신해 울다가
바다는 우윳빛으로 착색이 되었다
나도 쓰라린 그리움을 놓아준다
물결을 일렁이며 바다가 운다

* 애월 연가

누구에게도 들키고 싶지 않은 마음을
돌 틈 사이에 끼워 두고 돌아서 나오다가
물살에 쓸려 가 버릴까 봐 돌아보고 돌아본다
벗어 놓았다고 믿었던 마음도
영영 사라질까 걱정이 된다
파도가 바위를 부수고 시간을 깨서
검은 모래 알갱이로 섞어 놓을 때까지는
잊힌 기억이 되지 않을 것이다
벗겨 낸다고 사라질 기억이 아니다
애월에서 나는 망각을 위한 저항을 포기한다

* 메아리

목을 넘어간 소리는
메아리처럼 울렸다
산도 강도 넘어가지 못하고
되돌아오기만 했다
흩어졌으면 좋았을 것을
나간 그대로 돌아와서 당황시켰다
이가 빠진 민들레 홀씨처럼
필요치 않은 소리를 빼내고 왔으면
덜 아팠을 것을
날카롭게 목을 찔렀다
사랑은 그렇게 대책 없이 돌이켜 온다

* 그 꽃, 샤스타데이지

안 보고 싶다고 해도 피할 수 없다는 건 알아
지천에 펴서 코를 막아도 소용이 없어
맞닥뜨리자마자 지나간 시간으로 빨려 들 듯
들어가게 되곤 싶지 않아서
멀리 돌아다니기만 했어
안 보려 할수록 더 선명해져서
결국 오늘은 앞에 무릎 꿇고 앉아 버렸어
너의 이름을 붙여 준 꽃, 하얀 샤스타데이지
꽃잎을 손가락으로 쓸어 보다가
다시 그 순간으로 가고 말았어
여태까지도, 남겨진 시간도
처절하게 고개 숙이듯 무르팍 까져
딱지가 앉고 가려움을 자각할 때가 돼서야
아픔 없이 너를 마주 보며 살 수 있다고

* 그대에게

그대에게 나는
나지막히 살갗에 가라앉는
바람이 되려 하네

가려도 사라지지 않고
쓸어도 쓸려 가지 않는
잔잔한 물살이 되고 싶네

나는 그대에게
하늘을 담아낼 깊이를 가진
호수처럼 흔들림이 없고 싶네

바라볼수록 투박해져도

어색해지지 않는

투명한 웃음으로

그대를 안아 보고 싶네

흔들리는 걸음으로 가더라도

기어이 가고 가서

그대 곁에 서려 하네

* 장마

머뭇거려야 할 이유가 없어졌다
짧다고 부족한 것이 아니다
순간이 전부를 결정짓는
경이로움을 받아들인다

열한 시의 늦은 밤 속을 파고들며
너에게로 빨려들어 간다
굵어지는 빗소리를 귓바퀴에 굴리며
창밖이 바다였으면 좋겠다는
단음절의 말에 동의한다

깊어지고 있는 눈동자 속으로
마량포구의 갯바위를 가져다 놓고 싶었다
바다와 수평을 맞추며 엉킨 낚싯줄을 끊어 내던
파도를 마주 보고 싶어졌다

너에게 집중되어 가는 골 높은 파도가 되면
좋겠다는 최면에 걸린다
마주칠 때마다 너의 눈동자에서 바다를 본다

* 비 오는 밤에

  다시 속절없는 밤이 왔다 선선하게 산바람이 내려오는 창을 열고 흐릿해진 가로등을 본다 점처럼 바닥에 떨어지는 가는 빗방울이 치열하다 사랑하고 싶었다 남겨진 모든 찰나를 스쳐 보낼 수가 없었다 산책을 하다 손등에 내려앉는 바람의 수상함에 뜀질을 하며 나는 동네를 돌던 발걸음을 멈췄다 혼자가 아닌 시간을 갖게 되기를 무작정 바랐던가 싶다 그러나 혼자라는 현재를 망연히 지켜야 한다는 것을 다시 안다 여전히 나는 나에게 주어진 시간의 늪에서 빠져나가지 못한다 질긴 위안을 받고 싶다 사랑을 받고 싶다는 절박함이 질척해지는 밤이다

* 손

손을 잡는다는 것은
혼을 잡는다는 것입니다

손은 몸속의 어떤 곳도 관통하는
신경계의 집입니다

그래서 가장 빠르고 정직하게
마음을 전할 수 있는 것이
손을 마주 잡는 것입니다

따뜻한 온기를 만지작거리면서
심장의 박동 소리가 겹쳐집니다

손을 잡는 것은
영혼을 섞고 싶다는 것입니다

* 중독

그립다고 말해 버리면
알맹이 잃은 쭉정이 같이 속이 허해질까 봐

보고 싶다고 털어놓으면
바람 빠진 풍선처럼 맥이 빠질까 봐

기다렸다고 속삭이고 나면
다른 언어들은 다 사라져 버릴까 봐

속 타고 애타는 시간의
금단 증에 걸렸다

* 너에게 가는 길

멈추면 후회만 남는다
하다 말아서 좋은 건 없다
나에게 주어진 시간은 네가 있는
모든 공간으로 통해진다
말아서 좋다는 말은
못해서 부끄럽다는 말이다
하지 못할 것이 없는 것처럼
하다 말아서 좋을 일은 없다
멈추지 않고 가고 간다
빠르게 가기도 하고
너무 느려 답답할 때가 있어도
그침은 없을 것이다
너에게 가는 길,
허물어질 길이 아니다

* 그리고에게 그러나가

부풀었었고 부풀렸었다
뜨뜻했거나 미지근했다
나였다가 아니기도 했다
그 모든 사이에 그리고가 있었다

이도 저도 분간이 안 되는
뜨뜻미지근한 상태적 존재였다
넘어서려 못하고
달라지려 한눈팔지도 않았다
정적인 게 제일 안전하다고 세뇌되었다

그리고는 그래서였다
그대로 있으라고
그래야 별나지 않게 무난하다고

그런데 그러나가 불륜처럼
강렬하게 그리고를 덮쳤다
삐딱하게 살아야 제멋대로를
뿜어내며 살 수 있을 거라고
너를 잃고 나서부터였다

* 칠월의 잠

칠월의 열대야가 지칠지 모르고
꽃마저 무르게 짓누르듯
갈수록 밤이 질척해진다

돌아섰다고 단정하기도 했고
멀어졌다고 믿기도 했다
다른 시간의 사건을 만들 때마다
쌓았던 기간이 왁, 하고
처음을 향해 무너진다

아무리 길고 두텁게 벽을 쳐도
허물어 내는 것은 몇 초도 필요 없다
사는 내내 잊기를 두려워해야 한다면
새겨진 지 오래되지도 않을 시간을
밀어내지 말아야겠다

눅눅한 바람 뒤에 붙어 밤이 온다
귀뚜라미가 칠월의 어둠을
등에 지고 쓰르륵 깊어진다

잠 속에서도 또렷해지는
아린 기억의 바닷가를 유영하면서
파도처럼 나는 부서진다

* 귀뚜라미

창을 열어 놓지도 않았는데
어떻게 들어왔을까
침대 모서리에서 논다
가을을 가져왔다고 알린다
불을 켜면 숨었다가
불 끄고 자려 하면
아직 잠들지 말고 함께
밤을 간절히 만들자고 운다
달빛을 안아 들고
뜨겁게 날개를 부빈다
가만히 창을 열어 놓고
그윽하게 어둠을 침대로 끌어들이며
귀뚜라미를 돌봐 주고 싶다

* 안부

그대, 안녕한가
불꽃으로 타올랐다
사그라든 우리의 사랑만큼
해는 저물었다네
소슬한 바람이
처음으로 돌이켜 가는군
서로의 눈을 마주쳤던
그 날카로운 순간을
지우지 말라며
가슴을 후벼 대네
꺼지지 않는 불씨가 되어
진득하니 살아 보려네
열정은 물러났어도
따순 기운은 여전히
그대를 향해 있다네
그대, 안녕하지
이렇게 안부를 전하며
나도 안심해 보려 하네

* 최대의 슬픔

흙먼지처럼 꺼먼 하늘을
휘이 손으로 저으며
젖은 길을 또각또각 걸었어
넘치는 추억들은 추억대로
부서지는 빗방울은 그대로
발끝에 닿자마자 짓밟히고
속도는 늘지 않았지
빠를 이유를 뭉개며
최고의 속도를 냈어
살면서 지켜야 할 속보였지
곁을 스쳐 가는 걸음들이
앞질러 가도 뒤꿈치가 무디더군
멀어질수록 아련해지는 속력이
너무나 슬퍼서 따라가지 못했지
잡을 수 없는 슬픔을 뒤따르며
최대의 망설임에 묶여 있다네

* 가을의 소회

사랑하는 것은 꿈꾸는 것과 같아서
모호하고 희미하고 명확하지 않다네

사랑하는 것은 술에 취하는 것과 다름없어서
몽롱하고 정신없고 속이 얼얼하다네

사랑은 도저히 맨 정신으로 버틸 수 없어서
흥청거리며 자기를 잃는 것이라네

살아도 죽어도 잊히지 않아서
숨고 싶은 곳을 찾지 못한다네

사랑은 그렇다는군
함께했던 가을이 와서 더 심해졌다는군

* 아킬레스건

뭉텅뭉텅 그리워지곤 한다
다리가 떨려서 제자리를 떠나지 못한 채
바들바들 경련을 한다
낮에 잠깐 앉아서 올려다 본 하늘은 높디높았고
빼꼼히 나와 있는 반달은 차가운 낯빛이었다
가을 모기는 풀잎 사이에 숨어 있다가
달콤한 피를 빨아 댔지만 가려움 말고는
그다지 불편하지 않았다
다리를 꼬고 앉아 숨을 멈춰 보기도 하며
대굴대굴 눈동자를 굴렸지만
선뜻 일어나 가야 할 곳은 없었다
내가 있는 모든 곳에 네가 있다
가을이 결박해 놓은 아킬레스건이었다

* 시월의 노래

시월엔 수북이 피기만 하게요
절대 지지 말고 피우기만 하게요
그대를 향해서 내가 피어나듯
나를 향해서 그대도 활짝 펴 줘요

셋째 장,

딴짓 좀
하면 어때요!

* 안부

아이들은 어떠냐고 묻는다.
그럭저럭 저들대로 살겠지 라고 할밖에.

어머니는 어떠냐고 묻는다.
변함없이 잔병치레를 하고 있다고 할밖에.

먼저 간 아내 생각에서 벗어나라고 말한다.
이제 조금씩 잊어 간다고 하면서 씁쓸하다.

잘 버티고 살고 있어서.
죽을 만큼 힘겨워하지 않는 것 같아서.
밥 든든히 먹고 휘적휘적 삶의 가운데를 지키고 있어서.
잘하고 있다고 나를 물어 주면 좋겠다.

나 아닌 주변을 둘러 묻는 건 싫다.
나는 나니까 나를 물어 주는 게 안부다.

* 마중

하룻밤, 하루 낮이 지나면
다시 혼자 남겨질 시간이 없어집니다.
깜깜한 방에 더듬더듬 스위치를 가늠해
불을 켜지 않아도 됩니다.
싸한 공백을 껴안고 뒤척이는 밤과
이기지도 못할 전쟁을 하지 않아도 됩니다.
때로는 낯선 인기척에 깜짝 놀라 잠에서 깰지도 모릅니다.
양치를 하다 가지런히 놓아진 칫솔을 보며
겸연쩍어 헛구역질을 하기도 할 겁니다.
혼자가 아니라는 익숙해지지 않는 감정이 놀라워서
반응이 격해지는 행복한 짓을 하게 되는 겁니다.
하루 반나절 동안 마중을 하고 있습니다.
익숙한 혼자를 전송하고 낯선 둘의 시간을 환영하는
즐겨 찾기를 설정하는 중입니다.
"할 수 있는 건 다 할게요.
못할 것도 해 보도록 할게요.
안 될 것이 없도록 할게요.
다르지만 같은 나로 받아들일게요."
즐거운 상상 마중 중입니다.

* 내가 아는 나는

소심한데 그렇지 않은 척 잘하고
성미 급한데 참으려 애쓰고
잘 삐져도 금방 타협하려고 한다.
자신을 누구보다 먼저 사랑하지만
가장 빨리 다른 사람을 사랑할 줄 안다.
마음 약한데 강한 척 주먹을 힘차게 쥐고
외로움을 잘 타면서도 눈물은 잘도 참아 낸다.
허전할 때마다 술잔을 손아귀에 돌리는 버릇이 있고
그리운 사람에겐 곧장 보고 싶다고 칭얼거린다.
세상에서 제일 먼저 행복해지고 싶다고 중얼거리지만
다른 사람을 앞지르지 못하고
인정머리 없는 척하지만
마음에 없는 말이라도 하게 되면
몇 날을 후회하며 자신을 용서하지 못한다.

단호한 척하지만 맺고 끊음을 주저하고
상처를 가진 사람에게는 한없이 약하고 여리다.
내가 알고 있는 나는 단점투성이지만
후회하며 살 수 있어서 다행이다.
나보다 더 사랑할 사람이 있어서 행운이다.
외롭지만 그리움에 자주 가슴 설레고
듬뿍듬뿍 쓸 재산은 없어도
주고 줘도 샘물같이 채워지는
든든한 마음 부자라서 부러울 게 없다.
내가 아는 나는 그래서 좋다.

* 내가 모르는 나는

알 수 없는 면면이 많다는 것이 무섭다.
무책임하게 저지르는 일이 가끔 있고
속절없이 무너져서 일어나기까지 오래도록 아프다.
신중하다가 어쩔 땐 대책 없이 즉흥적이다.
나를 안다고 자신하면서 과신의 늪에 빠진다.
내가 아는 내가 전부가 아닐 때가 있다고 느낄 때
나는 내가 아니다.
공포스럽고 소름이 돋는다.
가끔은 내가 아니고 싶다.
무질서하고 두서없고 대안을 생각하고 싶지 않다.
막 살아 보고 싶다는 유혹에 빠져들고 싶다.
내가 모르는 나를 불러내서
신명 나게 무대책스러울 때
가장 나답다는 착오가 진짜였으면 하기도 한다.
알고 있어도 모르는 구석이 많은
내가 나다.

* 나에게 하고 싶은 말

안 된다고 조급해하지 말 것.
잘된다고 서둘러 가지 말 것.
혼자인 사람 앞에서 깝치지 말 것.
부럽다고 나와 상관없는 척하지 말 것.

되는 일이 있어서 안 될 일도 해 보는 것이다.
둘이라서 행복한 사람도 있고
혼자를 즐거워하며 사는 사람도 있다.
내 방식이 옳다고 까불지 말자.
다른 삶의 방식도 값지지 않을 리 없다.

슬프다고 고개 숙이지 말 것.
외롭다고 숨으려고만 하지 말 것.
현재를 단단히 붙잡고 있으면
유쾌한 꽃길이 모습을 보일 것이다.

… 말의 한계

그 날 우리는 무슨 생각을 했을까.
떠나야 하는 너와 남아야 할 나는
공통점이란 없었다.
너의 언어와 나의 언어는 끝이 달랐다.
사랑했었다는 그 말을 나는 들어 보고 싶었다.
그러나 너의 말은 원망일 뿐이었다.
그랬던 거다.
남아야 할 사람과 가야 할 사람의 언어는
뜻은 같지만 소리는 정반대였다.
지금도 그렇다.
사랑했다고 말하는 대신
잘 갔냐고 물어본다.
잘 가, 이별에 대하여 내가 가진 말의 한계다.

* 오래된 만남

마지막으로 만난 게 언젠지 기억이 나지 않는다. 나 역시 마음에 아쉬움이 남아 있지 않아 소식이 궁금하지 않았다. 연락이 왔다고 나를 그리워했다고는 믿겨지지 않는다. 필요에 의해 연락을 하고 만남을 청한다면 별 볼 일 없는 관계다. 필요를 따져 사람을 사귀는 걸 싫어한다. 마음이 가지 않으면 필요 때문에 친한 척 연기를 못한다. 하고 싶지도, 하려고도 안 한다. 필요라는 동그라미 속에 묶어 놓은 만남을 자청해 오는 연락은 속이 보인다. 진실로 궁금하고 보고 싶었다면 흔한 SNS에 한 줄 안부라도 가끔 남겼을 것이다. 무소식이 희소식이라는 말은, 사실 그다지 알고 싶은 마음이 없다는 뜻이다. 어떻게 살고 있는지, 무슨 생각을 하며 지내는지 알고 싶다면 언뜻 연락을 하게 될 것이기 때문이다. 그렇지 않다면 그냥 아는 사이로 묻고 가면 될 사이다. 알고 있는 모든 사람과 친밀하게 지낼 수는 없다. 친하다는 것은 최소한 불현듯 생각나고 그럴 때면 거침없이 연락을 해도 거리낌이 없어야 한다. 고개가 갸웃거려질 만큼 오래된 만남을 다시 시작할 필요에 응할 이유가 없다. 내가 이렇게 내세우고 있는 기준이 바르지는 못할지라도 어긋나지는 않을 것이면 된다고 믿는다. 뜬금없이 걸려 온 전화에 이럴지 저럴지 헷갈리는 오래된 만남을 이을 필요는 없겠다. 해가 바뀌어 가는데도 한 번도 울리지 않는 전화번호, 한 번도 눌려지지 않는 이름을 휴대폰에서 지워야겠다.

* 발열

에어컨과 선풍기를 번갈아 돌리며
창을 열었다 닫았다를 반복한다.
열대야가 일주일 내내 지속 중이다.
폭염 주의보가 경보로 상향되고
심각으로 격상된 밤을 들썩거리며
촐싹촐싹 가벼워지고 싶은데
맘대로 되지 않는다.
폭열에 공기가 무거워졌다.
땀구멍이 습하다.
눈을 멀뚱거리며 잠들기는 틀렸다.
애꿎은 냉장고 문을 열고
막막한 냉기를 쐬며
기다림이 발열하는 뜨거움을 떨쳐 내기가
이처럼 찐득하다는 것을 인정해 준다.

* 폭염 속에서

아, 뜨겁다.
푹, 푹 찐다.

이런 날이 있어야 가을의 서늘함이 감사하겠지.
이렇게 더워야 겨울의 살 파고드는 냉기도 그러려니 받아들이겠지.

그렇다고 해도 아무 것도 하기 싫다.
가을이 오면 가을을 살고
겨울이 와야 겨울을 받아들이지.
폭염을 마땅히 끌어안고 싶은 생각이 일지 않는다.

다만 한 가지에 몰두되어 있다.
살갗에 붉은 점들이 박히는 땀 알레르기에 시달리면서도
어떻게 너에게 가까워질까 궁리만 한다.

* 유성장에서

쉰 냄새들이 훅, 훅 들어온다.
사람들의 냄새는 땀과 섞일 때 지독하게 진해진다.
명품 향수는 그윽하게 심장을 발작시키지만
목청을 높여 호객을 하는 장꾼에게서 나는
노동의 냄새는 마음을 진동시킨다.
5일마다 유성장에서는 장사꾼과 장보는 사람들의
흥정이 뙤약볕보다도 뜨겁게 불탄다.
좁고 북적이는 모퉁이 좌판에 앉아
보리밥 양푼에 묵은 된장찌개를 넣고 슥슥 비빈다.
잔치국수에 양념장 한 수저 넣어서 휘휘 젓는다.
끈적한 삶의 냄새들이 섞여 든다.
숟가락질, 젓가락질이 들떠서 맛이 흥겹다.
장터에 와 어깨가 닿는 사람들에게서는
삶의 냄새가 제대로 익어 맛있다.

* 버림의 기술

버리려다 말고 우물쭈물해 봤자다.
한번 마음이 정해지면 아무리 좋은 것에도
티가 보이기 시작한다.
아깝다는 생각에 붙들고 있으면 후회가 따른다.
아쉽다고 놓지 못하면 상처가 생긴다.

버리자는 마음이 생기면
망설이지 말고 내다 버리자.
지체 없이 치우는 것이 버림의 최고 기술이다.

꽉 들어차서 삶의 살을 갉아먹고 있는 미움.
떠나간 사람을 잊지 못하게 하며 가슴을 파먹고 있는 슬픔.
일어서지 못하게 정신을 누르고 있는 자책.
지금 나에게 제일 쓸모없는 것들을 솎아 내서
마음 바깥에다 버리고 있다.

* 철면피가 되는 거 어렵지 않아요

나만 생각하면 되지 딴 사람이야 있든, 없든 아무 상관없는 거야.
내 배만 부르면 되지 남의 배야 꼴꼴 소리가 나면 나라지.
배려, 풀 뜯어 먹는 소리하고 있네, 나 챙기기에 집중할 시간도 없는데.
내가 가진 것 말고 옆 사람이 가진 것도 내 거 같이 쓰면 어때서.

나만 절대적이어야 한다. 나에게 나만 최고로 값지다.
누구도 날 대신 못한다. 다른 사람도 사람일까 의심스럽다.
나 없인 누구도 절대적일 수 없다. 무조건 내가 우선이다.
나만 궁금한 것, 나에게만 최선을 다하는 것.
철면피는 나 아닌 너들을 인정하지 않는다.

어때요, 철면피 되는 거 어렵지 않아요.

* 마음 사냥

    어딘가로 자꾸만 숨어 들어가 있다. 가을벌레의 울음 속으로. 흔적을 남기지 않고 오는지 모르게 내려왔으나 결국 물방울로 맺힌 이슬 속으로. 또 다른 어떤 곳에서 몸을 말고 나오지 않으려 한다. 짙어진 녹음을 퇴화시키며 이른 겨울 대비를 시작하고 있는 떡갈나무의 뿌리에 스며들어서. 알알이 영글어 노랗게 시간을 담고 있는 낟 알갱이가 되어서. 몸을 낮추고 싶어 한다. 귀가 깊어진다. 작고 나약한 것들에게 애정이 쏠린다. 내가 처한 소외와 같은 것 같아서 저절로 감정이입이 된다. 바람이 있으나 없으나 흔들림을 멈추지 않는 풀잎. 힘이 빠져 날갯짓을 멈추고 추락하는 초파리. 색 바랜 꽃잎을 아슬아슬하게 붙들고 있는 원추리. 칠이 벗겨진 채 을씨년스럽게 방치된 골목의 벽돌담. 나를 밀어내고 향한 마음이 깃들어 가 있을 것이다. 찬바람이 불고 살갗에 소름이 돋기 시작하면 사방에 보이는 사물들에게 몸을 감춘다. 내 것인데도 내 게 아닌 것 같다. 어디에 숨었는지, 어떤 곳에 몸을 말고 있는지 찾아나서야 한다. 가을이라 그렇다. 나는 지금 마음 사냥 중이다.

* 한눈팔기

가까운 곳보다 먼 곳을 보며 딴청을 부리는 것은
쉬고 싶다는 표시다.
주변이 항상 정겨울 수는 없다.
가끔은 메슥거리고 귀찮다.
그럴 때면 한눈팔기의 고수가 되어도 좋다.
정면을 응시하면서 곧이곧대로만 살 수 없다.
엉뚱하게 보기도 하고 엉성하게 살기도 해야 한다.
눈을 뜬 것인지 감은 것인지 초점을 맞추지 않는 것은
헐렁해지고 싶다는 것이다.
집중이 지겨울 때면 한눈팔기에 열중하는 것,
나를 잘 대접해 주는 방법이다.

* 백일홍 숲에서

너에게로 갔을 때 눈이 맑아졌다.
흔들리는 영혼이 영롱해졌다.
그리하여 혼자라도 밝아져야겠다는
오기가 생겼다.

* 절정기

늦었다는 말을 실감할 때는 정말 늦은 것이다.

부인하고 싶을 것이다.

늦은 것이 아니라 다시 시작할 때라고 믿고 싶을 것이다.

하지만 늦음을 인정하는 것이 좋다.

다시 시작한다고 또 늦지 않는다고 보장받지 못한다.

성공하기 위해서만 사는 것이 아니지 않는가.

모두가 성취하는 삶을 살지 않는다.

이루었다고 행복하기만 한 것도 아니다.

삶을 유지한다는 그 자체만으로도 존재는 무한히 가치 있다.

늦었다고 느낄 때부터 모든 시간을 절정으로 살면 된다.

하루를 완벽하게 소진하는 절정을 누릴 때 생이 새롭게 시작한다.

* 에스트로겐

    햇살이 청명합니다. 가을이 청명함에 그을립니다. 사과나무는 빨갛게 그을리고 배나무는 누렇게 그을립니다. 풀잎들도 간직해 온 빛깔로 그을리고 있습니다. 그을린다는 것은 최선을 다해서 성숙해지는 것입니다. 새들은 털갈이를 시작하고 독이 오른 뱀은 허물을 갑니다. 순수한 햇빛의 힘을 몸속으로 받아들이기 위한 탈피입니다. 나도 가을 햇볕을 받으며 변신을 시작하려 합니다. 거칠었던 생각들을 깎아 내고 맨들맨들해지렵니다. 받아들이려는 마음보다 미움이 많았습니다. 작은 충격에도 흔들림이 잦았습니다. 말로는 나보다 그대를 사랑한다고 떠들어 놓고 실제로는 나를 더 위하며 살았습니다. 내 몸을 아직도 낯 두껍고 둔탁한 테스토스테론이 지배하기를 포기하지 못해섭니다. 섬세해지겠습니다. 정성을 들이겠습니다. 그대가 품고 있는 다른 마음이 내 그을림에 해롭지 않다는 것을 인정하겠습니다. 서로가 서로에게 맞도록 그을려야 잘 익어 간다는 걸 받아들이겠습니다. 줄 수 있는 사랑의 한도를 늘리겠습니다. 그대를 향해 깊어지고 있습니다. 가을이 분비하는 에스트로겐처럼.

* 맥주의 맛처럼

시원함이 제맛이다.

목구멍을 타고 식도를 지나 위장까지 내려가는데

머릿속이 확 트이는 맛, 맥주의 진짜 맛이다.

하지만 마실 때마다 항상 같은 맛은 아니다.

누군가를 기다리는 것도 그렇다.

항상 달콤한 기다림은 없다.

짧으면 애틋함이 적어지고 길면 답답함이 계속된다.

멀고 길지만 확실한 기다림을 선택했다.

가까이에 있는 기다림에 질렸기 때문이다.

제멋대로 왔다 갔다 오만하다.

간절한 마음에 조건을 개입시킨다.

사랑을 미끼로 유인하는 기다림은 역겹다.

내가 시작한 기다림은 과정이 복잡하고 기간을 예정할 수 없다.

알 것도 같은데 이해되지 않는 낯가림처럼

그의 마음이 손가락 끝에 닿았다 떨어져 나간다.

그러나 이미 들어서 가고 있다.
길이 명확할수록 끝에 도달하기 어렵다는 것을 이해한다.
냉장이 적당해서 시원했으면 좋겠지만
밋밋해도 맥주의 다른 맛이듯 지루함을 버텨 내야 한다.
냉탕 맹탕의 맛을 다 즐길 줄 알아야 한다.
나의 기다림은 맥주처럼 얼다 식기를 맘대로 해 댄다.

* 여우 굴

느닷없이 전화를 걸어 온 동생이
젖어 드는 목소리를 묻혀 고향을 말할 때 잊으라 했다.
우리에게 고향은 절망이었다고, 돌아갈 생각도 말라고.
한 번도 행복한 적이 없었다는 말을 해 놓으니
정말 그랬다는 단정이 됐다.
가난은 부끄러웠고 불화를 불러왔다.
깜깜한 동굴을 벗어나기 위해 불같이 살면 되는 줄 알았다.
떠돌며 때가 되면 고향으로 머리를 돌리기도 했다.
물처럼 살면 될 것을 무리하게 치열했다.
내세울 것 없이 고달팠던 시간을 보상받기 위해
스스로를 돌보지 못함이 지나쳤다.
살아가기 위해 지나쳤고 살아남기 위해 무리했다.
감자 꽃이 젤 이쁜 줄 알았고 고구마 꽃은 쉽게 볼 수 없었다.
밭고랑과 논두렁을 오가는 망초 같은 시절을
아련한 추억이라고 두둔할 필요가 없다.
섬진강을 따라 우리의 시간이 그렇게 흘러갔을 뿐이다.
한 번도 우리의 행복을 내세우지 못하며 살았다.

어른이 돼서도 고단한 여우 굴에 여전히 갇혀 있다.
사랑하고 있는지, 사랑을 이유로 얽혀 있는지
우리는 지금도 알지 못한다.
돌아갈 이유도 없는 그곳을 그리워만 하고 살자.
전화기를 놓으며 나는 지나간 시간도 놓는다.
지금을 살자. 그렇게 우리를 위로하자.
이제라도 단 한순간을 행복하겠다고 괘씸해지자.

* 살림남

집 꾸미기가 재미지다. 남자가 나이가 들어가면 여성화된다고 하던데. 그러면 어떤가 싶다. 침대를 바꾸고 침대 커버와 이불도 마저 침대와 깔 맞춤을 했다. 낡고 덩치가 큰 가죽 소파를 들어내고 아담하고 새뜻한 패브릭 소재로 교체를 했다. 거실에 깔 카펫도 소파에 맞게 블루톤으로 주문을 했다. 정리가 되어 있지 않은 옷장이 지저분해 깔끔하게 개켜 놓을 수 있는 드레스 북을 사들였다. 뭔가가 빠진 것만 같다. 물기가 잘 마르지 않는 그릇들이 보인다. 기둥형 식기 건조기를 설치한다. 물걸레로 방마다 먼지를 닦아 낸다. 흩어져 있던 빨랫감들을 새로 산 세탁기에 모아 놓는다. 침실과 거실 그리고 화장실에 은근한 향이 나는 디퓨저를 가져다 놓는다. 텔레비전 앞 거실 장에 화사한 꽃병을 가져다 놓아야겠다. 집이 달라졌다. 이 맛에 살림을 하는가 보다. 살림을 한다는 것은 사람의 마음을 살려 주는 것이다. 새롭지 않은 나를 새롭게 살겠다는 씻김굿을 하는 것이다.

* 역사의 역사

한 사람의 삶이 역사다. 역사는 사람의 삶들이 모여 이뤄진다.
그러므로 모든 "나"의 삶은 하나하나가 역사다.
역사는 과거만이 아니다.
지나온 시간뿐만 아니라 지나가고 있는 지금도 역사다.
그러므로 우리 모두는 역사를 살고 있다.
기억할 만한 사건도, 할 만하지 않는 허접한 일도 역사이며
지워 버리고 싶은 굴욕과 또렷했으면 싶은 벅참도 역사다.
역사는 살아가는 사람의 시간이다.
그러므로 나의 역사는 내가 쓰고 있다.
살아 버린 삶을 수정할 수는 없으나 살아갈 삶을 개선할 수 있다.
따라서 지금의 역사를 과거와 전혀 다르게 쓸 수 있다.
후회 없는 역사를 산 사람이 얼마나 되겠는가.
후회 없이 살고 싶지 않는 사람이 있겠는가.
후회를 해 본 사람이 지금의 역사를 미래로 잘 연결시킨다.
회한이 많다. 가슴이 미어지는 후회를 많이 했다.
후회한다는 것은 반성한다는 것이다.
그러므로 내가 다시 쓰고 싶은 역사의 역사는 지금부터다.

* 바보의 변명

눈치가 없으니 신경 쓰지 않고
다른 누구보다 자기만의 찬란한 시간을 산다.
자신의 세상이 확고하다.
다른 이가 이해할 수 있게 틈을 주려 하지도 않고
그 사람의 관심사에 관심이 없다.
옳고 그름의 중심에 있기를 고집스럽게 우긴다.
자기에게만 너그러우면 바보다.
혼자 찬란한 사람은 바보다.
주변이 밝아야 자신이 빛난다는 걸 알 리 없다.
바보는 자신이 바보일 거라는 것을 인정하지 않는다.
자기 이외엔 다 바보라는 것만 안다.
내가 제일이라는 말은 전형적인 바보의 변명이다.
스스로 똑똑한 사람이 바보일 확률이 높은 이유다.

* 헤어졌지요

조금은 개운한 듯했어요.
때로는 서글서글해지기도 했어요.
그런데 답답함을 완전히 떼어 내진 못한 것 같아요.
함께한 공간, 같이 꿔 온 꿈이
아직 여운을 남겨 놓아서 그래요.
그래도 점을 찍듯 점, 점, 점 희미해지겠지요.
물리적 거리만큼 생리적 거리도 벌어질 테니까요.
속절없어질게요.
헤어졌다는 단언은 감당하겠다는 선언이니까요.
미안해하지 말게요.
후련하지는 않지만 클라이맥스를 달리는
후렴구처럼 절정도 아니거든요.
헤어질 사정을 알아요.
다른 세계를 만들려 했어요.
그대는 그대의 시간으로, 나는 나의 세상으로.
선택이 엇갈렸던 거지요.
헤어졌어요. 잘한 거예요.
내일은 보지 말기로 해요.

* 혼자라서 뭐, 어쩔 건데

괜찮아. 바람이 좀 쌀쌀해졌을 뿐이야.
상관없다. 나뭇잎 몇 장 떨어졌어.
곧 두꺼운 옷을 입으라는 신호를 새겨 받을 거야.
당당하게 살았고 당연하게 받아들였어.
과거로 돌아가 있는 꿈을 하룻밤에도 몇 차례 꾸다
히말라야시다 잎처럼 서서 깨기도 하지만
지나간 시절에 낚시 당하지 않을 거야.
나는 오늘만 살 거니까.

* 식구 늘리기

새 식구를 맞이하는 일은 거대한 사건이다.
나 이외에 다른 나를 맞이해야 하기 때문이다.
공간을 공유해야 하고 마음을 나눠 줘야 한다.
생활을 합치는 대단한 결심이 쉬울 수 없다.
그렇다 할지라도 달라지고 있는 나를 대면하는 것이 달갑다.
나만의 체취로 흥건한 집안 구석구석을 쓸고 닦는다.
새 식구가 빨리 머물 수 있도록 여백을 짜는 것이다.
관계를 시작하게 되면 우선하여 나를 챙기는 짓을
다음으로 미뤄도 즐겁게 된다.
하나, 둘 화분이 자리를 잡아 간다.
나만 바라볼 수 있고,
나에게만 새로워지고 있는 식구들이 반갑고 고맙다.

* 기미

　기미가 없어지고 있습니다. 담담해졌다는 말입니다. 불끈 일어나기도 하지만 생각을 누르다 보면 지나간 일에 대한 속박일 뿐입니다. 얼굴엔 기미가 늘었습니다. 그러나 마음에 기미는 줄어 갑니다. 깨알 같은 육체의 점을 기미라 합니다. 마음속에 박힌 점을 기미라 합니다. 빌린 값에 더해 갚아야 하는 빚을 기미라 부릅니다. 그러고 보니 기미는 원하지 않는 것에 대한 부담입니다. "사랑했었어요"라는 말을 자주했습니다. 이제 아니라는 말을 완곡하게 한 겁니다. 과거형의 언어는 말하기 어렵지만 가지고 있기가 버겁습니다. 털어 내고 현재형을 살아가고 싶습니다. '사랑해요'라는 말을 기미처럼 몸 곳곳에 새겨 넣으며 살아야겠습니다. 갚아야 할 빚이 아닌, 벗겨 내야 할 속박이 아닌, 새겨질수록 기꺼워지는 기미를 문신합니다.

* 불쏘시개

장엄하지만 슬픈 단어입니다.
무엇인가를 위한 도구가 된다는 건
화려한 불꽃으로 먼저 타올라야 합니다.
재가 되어 흩어지고서야 불덩이를 지피게 됩니다.
나는 어떤 중대함을 위해서도
불쏘시개가 되지 않으렵니다.
그저, 나를 위해서만 타겠습니다.
몸 바쳐서 세운 자리에
내가 없다면 무슨 소용이 있겠습니까.
살아 있는 내가 가장 소중한 역사입니다.

* 악마가 산다

공포 영화 속 이야기처럼 악마는 항상 있다.
상상을 뛰어넘는 범죄를 태연자약하게 저지르고
자신의 진영이 아니면 절대 악으로 몰아간다.
사실을 왜곡하고 진실을 비하해야만 직성이 풀린다.
멀쩡하게 보이지만 속은 인두겁을 쓰고 배배 꼬여 있다.
세상을 비난하지 않고서는 견디지 못하는 악의가 밑천이다.
팔이 여덟 개도 아니고 입이 삐뚤어지지도 않은
마음 고자들이 낮과 밤을 희롱하며 어디에든 산다.
퇴마사가 되지 못하겠거든 무시하는 법을 배워야 한다.
영화가 아닌 일상을 악마와 함께 산다.
나의 악마는 나다.

* 설레발

당신을 만났습니다.
첨엔 지나치게 담담해서 지레 당황했습니다.
누군가를 만나는 일이
매번 설레지는 않겠지만
기껏 아무런 감흥이 없다면 문제가 있는 겁니다.
실망하지 않고 싶었던 것일 겁니다.
과한 기대를 품었다가
슬그머니 눈을 내리깔기 싫었습니다.
설레발이었습니다.
담담함이 만남의 출발일 때가
마주할 두근거림을 제대로 받아들일
만반의 준비가 되었다는 거지요.
시간이 깊어질수록 당신에게서
벗어날 수가 없습니다.
아무렇지도 않은 척 가슴을 진정시키는 것,
당신을 만나기 전 눈부신 설레발이었습니다.

긴 밤

후회 없이 살 수 있다고
자신하며 살지 말자.
여한 없이 살자.
후회하고 절박해지는 날이 있어도
자책하지 않도록 하자.
다시 같은 시간을 살 수 없다.
다르게 살아 보자는 것이다.
오늘과 내일의 나는
밤사이에 달라져야겠다.

* 추어탕

곰삭지 말아라. 너는 뜯겨진 살이라도 생생해야 한다.
시래기에 스며 젓갈처럼 저며져야 제맛이 난다.
살점이 흐물어지게 버무리고 끓여 내는
손맛과 불 맛의 몫은 내가 할게.
진창을 파고들던 꼬리의 힘을 놓지 마라.
진흙을 유영하던 미끈거림을 내가 기억한다.
오모가리에 곱게 깊어진 단풍잎 한 장 올려놓고
모락모락 올라오는 생애의 유체 이탈을
숟가락에 퍼 담자마자 마음이 뜨거워진다.

* 알딸딸

술에 취하는 것보다 먼저
술잔에 취하고 기분에 취한다.
미세혈관이 관통하는 세포들이 즐거운 상태다.

반가운 얼굴과 마주 앉아서 좋다.
술보다 사람에게 취하고 싶어 음주를 즐긴다.
항상 알딸딸하게 살고 싶다.
분위기가 좋아서, 마음이 가벼워져서 알딸딸하고 싶다.

먼 길을 나서야 지킬 수 있는
이미 해 놓은 약속을 만나러 가는 이유.
뜨겁게 악수를 하는 이유.
삶을 윤기 나게 살고 싶어서다.

사랑하는 사람의 등을 토닥여 주며
가볍지만 얼얼한 입맞춤을 하는 것도
나의 알딸딸함을 함께하고 싶어서다.

너의 목소리에 귀가 쫑긋거린다.
너의 심장 소리에 얼큰해진다.
너에게만 취하고 싶기 때문이다.

* 단풍 비

겨울로 접어드는 시기의 비는 을씨년스럽습니다.
비가 불러오는 바람은 빗물보다는 나뭇잎을
지면을 향해 뿌려 주는 데 더 집요합니다.
유려하게 공중 부양을 하다 바닥을 몇 차례 구르다가
나뭇잎은 비로소 한 생애의 무게를 멈춥니다.
어느 것이나 마지막의 모습은 무겁고 애틋합니다.
색색의 빛깔로 치장한 단풍 비는 유독 장엄합니다.
만장이 바람을 타고 비상하듯 상엿소리가 들리는 듯합니다.
나무가 동면에 들기 전 가을을 배웅하는 지전 같습니다.
우리도 언젠가는 단풍이 들어
한 시절은 아름다웠고 한때는 비장하였을
삶의 무거움을 내려놓겠지요.
행복했구나, 잘 살아 냈구나
나에게 해 주는 전송사를 단풍 비에게 전해 봅니다.

* 속단하지 않을게요

한참을 더 망설여야 할 때인 것 같습니다.
나보다 주위를 생각해 주며
짬짬이 말을 아낄 때입니다.
부고와 결혼 소식이 번갈아 옵니다.
축복과 애도를 한 날에 하기도 합니다.
내가 바랐던 행복을 잠시 뒤로 밀어 놓습니다.
아직은 허용되지 않나 봅니다.
떠난 사람을 대신할 사랑이 갖춰지는 것을.
기대했던 것보다 많이 번거롭고
기발한 착오들이 나댑니다.
삶이 그러겠지요. 맘대로 안 되는.
쉬었다 갈게요. 갈 길도 멀고
후회와 그러려니 함도 허다할 테니.
끝일 거라는 속단은 하지 않을 겁니다.
오늘 또 하루 맛나게 살았다고 믿겠습니다.

* 단호한 거절

허락하는 것이 마음이 편하다는 것은 공통된 마음입니다.
부탁을 하거나 받지 않고 살 수 있다면 좋겠습니다.
거절해야 함에도 그러지 못할 관계여서,
또는 그 사람과의 관계에 손상이 갈까 봐서
어영부영 허락을 하고 나면 자존감이 상합니다.
허락은 흔쾌해야 뒷맛이 깔끔합니다.
허락을 받는 것도 그와 같습니다.
그러나 아무리 흔쾌한 허락을 받는다 해도
부담감에 잡혀 부탁을 하지 않는 것만 못합니다.
의견이 엇갈리면 타협을 하거나
절충할 수 없으면 포기를 하면 됩니다.
부탁을 받아들일 수 없으면
단호한 거절을 해야 합니다.
인정에 머뭇거리거나 조건부 승낙을 하게 되면
결국 다 들어줘야 합니다.

부탁한 내용이 다 채워지지 않는다면
상대방은 들어준 것도, 안 들어준 것도
아니라고 불평을 가지게 됩니다.
애써 한 배려가 오히려 관계에 금을 긋습니다.
순간 마음 아픈 불편을 감수하는 것이
그 사람과의 관계를 평탄하게 합니다.
만일 단호한 거절이 관계의 단절이 된다 해도
그 사람과는 거기까지가 다일 관계였다고
마침표를 확고하게 찍는 것이 바람직합니다.

* 사려니에 묶이다

오래된 발자국이 지금도 선명합니다.
터벅거리며 숲길을 걸으며
천남성이 올라오는 풀 사이사이에
큰구슬붕이가 애틋했던 기억이 납니다.
그해 봄볕은 따가웠고 삼나무들의 기지개는
하늘을 찔러 대고 있었습니다.
까마귀가 차지한 산길을 함부로 지나지 못해
한참을 막혀 있던 기억도 납니다.
앞으로 살아가야 할 내 삶의 길도
누군가 이미 점령하고 있어서
지나가야 할 때를 조심해야 할 거라는
가볍지 않은 교훈을 얻었던 것으로 생각납니다.
걸음이 지속될수록 발바닥이 뜨거워졌습니다.
심장에서 발화한 울화가 땅과 접속이 되어
사려니의 나무뿌리들과 얽혀 들었기 때문입니다.

새벽부터 시작한 걸음이 날이 저물 때까지도
숲에 묶여 빠져 나오지 못한 까닭입니다.
오래 지난 지금도 내 발목은 여전히
사려니 삼나무 아래에 묶여 있나 봅니다.
손바닥에 흥건히 땀을 쥐고
그 숲속에서 잠을 깨는 날들이 지속됩니다.

* 청소

    미루고 다시 미루고. 곳곳이 누렇게 물때가 앉고 줄 눈에 검은 곰팡이 꽃이 피도록 화장실을 방치했다. 볼일을 마치고 일어설 때마다 청소 업체를 부를까도 고민했다. 하기는 싫고 보기는 언짢아서. 삶의 군데군데가 미룸 투성이다. 무선 청소기를 사 놓고도 거실에 장식물처럼 세워 놓는 시간이 길어졌다. 기름 자국이 번들거리는 가스레인지와 후드에서 국을 끓이고 여전히 고기를 구웠다. '언젠가는 해야지'의 달인이 되었다. 마음이 불편해도 몸의 불편을 감당하도록 절박하지 않아서다. 따뜻한 햇살이 비치는 창을 열다가 휘돌아 들어오는 찬 기운에 늘어져 있는 생의 근육이 팽팽해짐을 느꼈다. 미룸을 끊어 내는 것도 일상의 근육을 단련시키는 것이리라. 고무장갑을 끼고 강력 세제를 뿌린다. 걷어 올린 팔과 다리에 물과 세제가 튄다. 솔질을 하고 닦아 내고 씻어 낸다. 뭉쳐 있던 생의 찌꺼기들이 벗겨진다. 본래의 내 모습은 단정하고 누추함을 용인하지 않았다. 살아 낸 시간의 고달픔이 누적될수록 얼룩의 두께가 무거워졌다. 바닥과 용기들이 반짝인다. 가슴속이 깔끔해진다. 청소를 한다는 것은 마음에 낀 때를 벗겨 내는 일이다.

* 애증의 무게

사랑을 정리함이 개운하게 이뤄질 수가 없겠지요.
정리한다고 정리가 된 것도 아닐 거고
기억하고 싶지 않다고 지워진 것도 아닐 테지요.
잊을 만하면 떠오른다는 말이 허투루 회자되는 게 아닙니다.
그만큼 깊은 관계의 무게가 무겁다는 뜻이지요.

사랑이 끝나면 애증이 남게 됩니다.
그리움도, 간절한 보고 싶음도 애증입니다.
미움에 잡힌 마음도, 생각할수록 불편해지는 마음도 애증입니다.
뜻하지 않게 이별한 사랑일수록, 끝이 좋지 못한 헤어짐일수록
애증은 날카롭게 가슴에 새겨져 있지요.

나를 지켜 내기 위해서 떠나보냈습니다.
당신이 당신답게 살아가라고 손을 놓아주었습니다.
후회하지는 않지만 애증의 무게에 눌려 지내는 날이 가끔 찾아옵니다.
옷매무새를 견고히 하면서 추억에 저항할밖에요.

* 오늘의 맛

아침에 눈을 뜨면 오늘은 어떨지 반쯤은 결정이 된다.
예정된 일정이 있을 것이고 몸 상태가 어떤지 알기 때문이다.
이불을 걷고 잠자리에서 빠져나올 때
지난밤 숙면을 취해서 개운한지
뒤적거리다 온갖 알지도 못하는 세계를 떠돌다
멍하게 일어난 것인지 자신을 알게 된다.

몸이 가벼우면 마음도 더불어 가벼워진다.
해야 할 일에 의욕이 생기고 입 안에 들어오는 공기도 달다.
그러나 반대의 경우라면 일어나기도 싫고 할 일이 걱정에 덮친다.
냉장고에서 꺼내 마시는 찬물도 씁쓰레하다.

오늘 아침 입맛이 돌아 냉이 국에 밥 한 공기를 말아 바닥을 보았다.
익지 않은 김장 김치가 혀에 착 붙었고
뜨거운 김을 피워 올리는 커피는 머릿속을 안정시켰다.
구두가 발을 안정적으로 감쌌고
엔진오일과 브레이크 오일을 교체한 차는 스르르 시동이 걸렸다.
아침 햇살은 겨울을 실감하지 못하도록 포근했다.
맛난 하루를 예감한다.
이상은 날마다 그랬으면 하는 오늘의 맛 예보다.

* 만만하지 않아서

일일이 일어나는 일들마다
만만하면 좋겠습니다.
사랑하는 사람에겐 만만하게 엮이고
미움이 얽힌 사람에겐 만만히 대하고
그렇게 마음 풀려 헐거워지면 얼마나 편할까요.
하지만 먼저 사랑해서 만만해져 버리고
미움 받아 소외를 감수해야 합니다.
세상에 만만한 건 '나'뿐입니다.
그러면 어떻습니까.
나에게 만만한 '나'라도 있으니
살맛을 내 보는 거지요.
만만한 내가 싫진 않아요.
오늘 나의 언어는 만만디입니다.

* 소원을 말해 봐

보름달이 뜬다고 했다. 떴을 것이다. 사부작거리며 하얀 운동화를 꺼내 신고 흰 셔츠와 바지를 챙겨 입고 보름달을 보러 나갔다. 지극히 사소한 소원 하나 말해 보고 싶었다. 먹구름도 없다. 바람도 별로 없다. 최적의 날이다.

"시간의 편에 서고 싶습니다. 있어야 할 곳에 있게 해 주세요. 지나간 시간에서 나와 지금을 살게 해 주세요. 원망을 이겨 내고 버려야 한다고 다짐을 다시 다짐하며 살아온 정을 떼고 싶을 따름입니다. 이기적으로 살아도 죄짓지 않고 산다는 것을 믿게 해 주세요. 이제부터는 내가 나답게만 살고 싶다는 것을 용인해 주세요."

지나치게 작아서 오히려 무시될지 모르겠지만 살면서 나를 위한 소원은 처음 빌어 보는 거라 어색하기만 하다. 이 정도는 하면서 살아도 되지 않을까요!

넷째 장,

잠시만요,
커피 한잔 타 올게요

* 커피 한잔 타 올게요

너무 바빴지요?
잠시 쉬는 시간이 있었겠지만
마음 느긋하게 쉬지는 못했을 거예요.
쉬었다 가요.
성가시게 살지 말아요.
편하고 즐겁게 삽시다.
사랑할 수 있을 때 사랑하고
웃는 일들로 가슴 설레며 지내요.

모든 이유와 접하기 전에
"잠시만요. 커피 한잔 타 올게요."
여유를 앞장세워 주자고요.

* 온기

따뜻하다는 건 열전도가 잘 이뤄진 공간의
물리적 온기만을 일컫는 것이 아니다.
찬바람에 노출돼 있으면서도 따뜻함을 느낄 수 있고
아이스 음료를 마시면서도 훈훈한 기운에 흥건히 젖을 수 있다.
마음가짐이 해내는 오묘한 힘이다.
당신 속에 있는 기운이 따뜻하다는 것을 믿는다.
옆에 다가오는 사람이면 누구에게나
차별 없이 온기를 나눠 주고 있다는 걸 안다.
오래도록 빠져 있던 착잡했던 찬 기운을 덥히며
서기처럼 빛을 내는 당신 곁으로 시간을 거슬러 올라간다.
당신을 닮고 싶다.
나에게서도 자발적으로 일어나는 온기가 있을 것이다.
자체 발광하는 나를 믿어 주고 싶다.
나에게 녹아들어야겠다.

* 안부를 묻는 그대에게

잘 살고 있는 척만 하다 잘 지내고 있는
내 모습을 보게 되었습니다.
낯익지 않아서 거부감이 들기도 하더군요.
하지만 멍해지는 날들이 줄어들었고요.
감정을 잡고 일부러 울지 않으면
가만히 있어도 저절로 나오던 눈물이 마른 것 같아요.
척하는 마음이 나에겐 묘약이 되었습니다.
아프지 않은 척, 괜찮은 척, 즐거운 척.
척하며 살아 내야 할 시간들이 아직도 많습니다.
그렇게 될 거라고 믿는 척을 해야겠지요.
참아 내고 내색하지 않는다고
고생스런 상황에서 빠져나올 수 없습니다.
하소연도 하고 싶다고 밀어내며 살아야 합니다.
그럴 엄두가 나지 않으면 좋아질 나를 상상 위에 놓고
척척척 나아가는 척을 꾸준히 할게요.
어떻게 살고 있는지 궁금해하지 말아요.
나의 안부는 앞으로 오래도록 위로된 척입니다.

* 즐거운 단상

빠름이 좋다는 것을 부정하지는 않습니다.
그러나 라는 말을 사용하는 횟수가 많아져 갑니다.
잠시 지체해도 상관없다는 생각을 자주 하게 되면서
삶의 방향이 꺾였기 때문입니다.
직진의 시간은 피로감이 빨리 다가오고
헤쳐 나올 수 없는 졸림에 빠지게 됩니다.
굽은 길을 쉬엄쉬엄 가고
개울을 만나면 판판한 돌멩이를 골라
물수제비라도 뜨며 찬찬해지고 싶습니다.
곁을 지켜 주고 싶은 사람을 만나고
함께할 수 있어서 고맙다는 말을 해 주며
살아갈 시간은 빨리 지나가서 좋을 리가 없습니다.
느려지고 싶습니다. 게으름을 핑계 대고 싶습니다.
곁눈질, 한눈 짓을 일삼을수록 나다운 나를
발견할 수 있으면 좋겠습니다.
그래서 그대를 만나고 싶었나 봅니다.
한없이 나태해져도 그대 때문이라고
의뭉스럽게 웃어도 상관없을 것 같습니다.

* 지금은 한가할래요

　열흘이 넘도록 폭염주의보와 경보 사이에 온도는 멈춰 있다. 그만두 겠다는 시그널은 아직 주지 않는다. 태풍이 잠깐 들리기는 했지만 맥없이 열대성저기압으로 소멸되어 버렸다. 뉴스에 초대된 전문가가 열사병과 온열병의 차이를 설명하면서 각기 다른 대처법을 말해 주지만 폭염에 병이 난 건 마찬가지로 들릴 뿐이다. 겨울이 추워야 하듯 여름이 더워야 한다는 것을 부정하고 싶지는 않다. 알고 있더라도 중간중간에 틈을 주었으면 좋겠다는 바람을 해 보는 것이다. 잠시 쉬었다가 기운을 차려 적응할 수 있도록. 아침과 낮 그리고 밤사이에 간격이 없다. 줄곧 찌는 듯한 열기와 열풍이 하루를 단단히 채운다. 이러다 어느 날 이후가 되면 새벽바람이 선선해질 것이다. 그토록 더웠던가 싶게 살만해질 것이다. 시간만큼 약속을 잘 지키고 정직한 것은 없다. 그 시간의 등에 기대어 무던하게 배어나 오는 땀을 닦아 낸다. 열병에 걸려들어 시들기 전에 나에게 휴가를 주어야겠다. 지금부터 한가해 보련다.

　"제발, 전화하지 마. 메시지도 보내지 마. 나에게만 한가할 테니."

* 잊혀지자

  뜻하지 않은 이름을 아무 상관없다고 생각한 사람에게서 들었다. 회한과 후회, 미움과 격한 떨림이 공존하는 이름. 버렸다고 생각했는데 격동을 일으키는 걸 보면 숨어 있었을 뿐이다. 떨쳐 냈다고 생각했지만 떠나가지 않는 이름. 지웠다고 지워지지 않는 인연. 어느 날, 어느 순간 만나게 되더라도 지금은 용서도, 용인도 못하겠다. 심장에 꽂아 놓은 대못일 테지만 아파도 외면하며 참을 통증이다. 보지 말자. 우리는 너무 깊은 수렁에 빠졌다. 우리는 남이 아닌 남이다. 다시 잇고 싶지 않은 관계다. 쓸데없이 아픔을 살리지 말자. 너는 나에게, 나는 너에게 잊혀져 살자. 전혀 다가갈 필요가 없는 사이가 되자. 너의 이름을 가슴 뒤로 돌려놓은 후 절망하지 않기로 나와 수만 번 약속했다. 애증을 잊었다. 원망도 없다. 다만 서로의 삶이 각각 뚜렷해지면 좋겠다. 절대로 맘 쓰고 살지 말자. 이름마저 잊자. 잊혀지자. 뜻 없이 들리는 이름은 듣지 않고 사는 편이 좋다.

* 비가 오는 밤에

사락거리는 소리가 심장에 착, 착 엥긴다.
마주하면 번거롭게 심난하기만 해져서
귀찮아 밀어 두었던 마음이 한갓져진다.
밤비가 온다.

햇살이 오도 가도 못하게 새의 날갯짓을
뜨겁게 달구고 있는 시간에
이미 해야 했던 이별을 찾아가서
마지막이라고 이별을 다시 했다.

숲 가장자리에 핀 비비추 곁에서
한동안 오래된 기억들을 세탁했다.
이제부터는 무작정 행복해지기만 할 거라고
질경이 풀을 뜯어 손바닥을 비비며
또박또박 입술을 움직였다.

오늘 하루 동안의 나를 새겨 기억하라고
빗소리가 차분하다.
불규칙하던 숨소리가 비에 씻겨 골라진다.

"아프지 않을게. 슬픔에 갇혀 있지 않을게."
이젠 그래도 될 거 같다.
먼저 보내야 할 사람이 더는 없기를
빗소리에 부탁해 본다.

✳ 마지막 장마

　에어컨을 제습으로 놓고 텔레비전을 영화 채널에 맞춰 놓았다. 눅눅한 실내가 서늘해진다. 소파에 엎드려서 쿠션을 가슴에 깔고 창밖만 본다. 지금 하고 싶은 일이 없다. 지금은 휴면 상태가 좋다. 비 오는 밤은 가만히 빗소리에 중독되는 것이 최고다. 유리에 빗방울들이 맹렬하게 부딪친다. 장마전선이 북상 중에 중부지방에 멈춰서 보란 듯이 존재감을 내뿜는다. 흔적 없이 잊혀지기 싫었을 것이다. 이해한다. 마지막은 장렬해야 후회가 없다. 사그라지기 전 불빛이 섬광 같듯이 장마도 마지막 빗물을 최선을 다하면서 쏟아 낸다. 빗물이 창문을 뚫고 들이칠 기세다. 직접 물에 닿지 않지만 기분이 축축해진다. 젖지 않아도 젖어 가는 것처럼 쿠션 위의 가슴이 묵직해진다. 더 무거워지기 전에 지금은 어떤지 나에 관해서 생각해 본다. 돌이킬 수 없는 시간을 자학하며 삶을 등한시했던 지난날들에 틈이 보이기 시작했다. 상처를 치유하는 데는 명약이 필요 없다. 시간이 약이란 말을 실감한다. "나 아직 살만 해. 마지막 불꽃은 조금 더 있다가 피울게. 새로 막 설레는 사람이 생겼어. 새로 살아야겠다는 욕망을 잡았어." 빗소리 참, 좋다.

* 눈 다래끼

조화와 균형의 파국은 미세한 틈에서 시작한다.
이상 신호를 감지하는 순간 이미 한참을 진행하고 있어서
처방전을 받아 들고 약을 투여해야 한다.
눈이 갑갑하더니 자고 일어나니 퉁퉁 부어 있다.
다래끼가 났다.
손대지 않으려 의식적으로 노력하지만
저절로 손가락이 향한다.
한쪽 눈이 불편한 것뿐인데 머리가 지끈거리고
가슴이 개운하지가 않다.
배도 묵직한 것이 다 다래끼 때문인 것 같다.
눈에 찬 이물감이 마음의 평정까지 무너뜨린다.

그대는 언젠가부터
흔들리고 싶지 않는 나의 고요에
파국의 염증으로 박힌 다래끼가 되었다.

* 빈둥거리면 어때

심심하다고 일부러 뭔가를 해야 한다는
강박은 하지 말자.
빈둥거리며 이리 뒹굴고 저리 굴러다니며
몸통으로 방이나 닦자.
뜨겁던 바람이 며칠 세에 기분 좋게 착 감긴다.
곧 여름을 밀어내고 가을이 올 거다.
가을이 이르면 쓸쓸해지기도 할 거다.
바람이 선선해질수록 마음이 서늘해질 거다.
그러면 어때, 빈둥빈둥 채우려 하지 않고
시간의 뒤태나 보면서 널 기다리면 되지.
네가 오고 있는 동안에 나는
아무 것도 하기 싫어 나태해지고 싶다.
너를 맞이하는 기쁨을 한꺼번에 발산하고 싶어서
최대한 움츠려 있는 것이다.
나에게 너는 혼자 있어야 하는 날을
빈정거리며 빈둥빈둥 버티고 있는 힘이다.

* 혼자여도 괜찮아

말소리가 없어서 좋은 때가 있다.
가만히 있으면 창가에 머문 바람이 느껴지고
눈발이 수놓은 얼룩이 수채화처럼 반투명하다.
눈물이 왈칵 나오기도 하지만
그럴수록 담담해진 나를 바라볼 수 있어 감사한다.
혼자여도 괜찮은 것이다.
가끔은 아무도 곁에 없어서 홀가분함의 경지에 이르러
허전해지는 것도 필요하다.
산만해지고 벅차서 품어 줄 수 없을
지경에서 놓여지고 싶은 것이다.
지독한 외로움이 거품 같을 때,
적나라한 사랑의 언어들이 부담될 때.
혼자가 될수록 달콤해지는 나태에 절어
허덕거려 볼 만도 하다.
괜찮아, 혼자라서가 아니라 혼자여도
나는 끝까지 당당해질 수 있으니까.

* 그리움에게 묻다

소란스런 빗소리가 깨워서
새벽 단잠을 포기하고 일어난다.
나뭇잎 위에 내려앉는 빗방울 소리가 리드미컬하다.
창을 열고 가로등이 만들어 내는 오색 빛 무리와
한판 어울리고 있는 빗줄기를 관람한다.
새벽 소리가 여름과 가을의 경계를 넘어서고 있다.
제법 차가워진 공기가 얇은 속옷을 뚫고 들어온다.
소름이 돋는다.
빗소리를 들으며 마음 한켠이 알싸해진다.
잊어야 했고, 잊었다고 믿었던 기억을 불러내 준다.
시간은 지나가며 아련하게 해 줄 뿐 지워 주지는 않는다.
잊겠다는 것은 처음부터 없었던 것으로
되돌리겠다는 것이 아니다.
생각이 나도 쥐어짜듯 아프지 않겠다는 것이다.
아직 떠오르면 알싸해지는 것이 조금 덜 잊었나 보다.
가슴이 아린 추억을 소환해 내고 싶지는 않다.
그렇다고 완전히 소멸시킬 자신도 없다.

가끔 그리움에 젖어 들어도 괜찮을 거다.
다만, 잃어버렸다는 자책에서 벗어나고 싶다.
나뭇잎 소리가 수런스럽다.
상실을 받아들여야 할 가을이다.

* 이별의 콘셉트

마지못해 떠나보내야 할 이별.
나를 박차고 떠난 이별.
내가 놓아 버린 이별.

헤아리지 못했거나 헤아릴 수 없었거나.
이별은 더 이상 같은 길을 가지 못하게 된 것이다.
서로의 시간이 달라진다는 것이다.

속 시원해도, 속 아파도
헤어진다는 것은 함께했던 한쪽을 베어 내는 일이다.
일부의 생을 떼어 내는 아픔을 받아 내야 한다.

태풍이 쓸고 지나가 진창이 되어 있는
산기슭에 들어서서 단풍 들지 못하고 떨어져
파랗게 깔린 떡갈나무 잎을 밟고 놓친 인연들에게 잡혔다.

내 의지였다기보다는 어쩔 도리가 없이 이별을 해 왔다.
어떤 지고한 이유에서건 이별은 속상하다.
나에게 이별의 콘셉트는 불가항력이다.

* 이별 중

이별을 하겠다고 말한다고 해서
바로 인연이 끝나지 않습니다.
비로소 성가시고 고역스러운 결별이 시작되기는 할 겁니다.
정리해야 할 기억들이 새록새록 떠오릅니다.
추억이 숨어 있는 물건들이 여기저기서 돌출합니다.
사는 것인지 죽어 가고 있는 것인지 모호한 아픔들이 생겨납니다.
사람과 사람의 관계를 단절시키는 것이
사는 동안 가장 고통스럽고 못할 일입니다.
모든 이별은 아픕니다.
서로에게 질리고 치가 떨리는 순간들도 있었겠지만
헤어짐 앞에 서면 후련하지만은 않습니다.
함께라는 어울림을 공유한 사이이기 때문에
미련이 꿈틀대고 미움도 애틋해집니다.
하물며 곁에 없으면 죽을 것 같이 사랑한 사이라면,
전부를 다해 애정을 퍼붓던 관계라면
말로는 다할 수 없는 비극이 되고 맙니다.
한마디 말로 이별은 완성되지 않습니다.
살아 있는 전부의 시간 동안 이별 중일 뿐입니다.

* 후회는 반성이다

　하지 못한 일을 후회한다. 할 수 없었던 일을 후회한다. 해 놓고 만족하지 못해서 후회한다. 해도, 안 해도 후회하면서 산다. 후회를 해 놓고 후회하기를 반복한다. 후회를 한다는 것은 잘 살아가고 싶은 욕구에 충실하고 있다는 증거다. 희망을 품지 않는 삶은 후회가 없다. 막장을 사는 삶은 후회하지 않는다. 후회는 인간답게 사는 사람이 한다. 사이코패스나 소시오패스에게서는 남 탓만 일어난다. 나를 사랑하고 나 이외의 사람에 대한 연민이 있는 사람들이 후회를 한다. 우리 대부분은 그런 사람이다. 그래서 후회하지 않고 살 수는 없다. 하지만 후회가 자책이 되지 않도록 노력해야 한다. 하는 일마다 좋은 결말에 이르지 못한다. 후회는 반성이면 충분하다.

　"미안해. 너의 처지에서 너를 봐야 했는데 내 입장에서 너를 보려 했다. 어제는 내 감정에 내가 져서 민망하다. 후회하고 있어. 또 안 그런다고 장담하지는 못하겠다. 여전히 나는 내 중심적인 감정을 버릴 수 없을 테니까. 하지만 후회가 반복될수록 너를 내 중심에 받아들일 수 있을 거라 믿는다. 그렇게 너와 내가, 우리가 되어 가면 될 거야. 또 미안해할게. 그리고 후회를 반성하며 너에게 더 가깝게 다가설게."

　미리 후회를 다 해 버렸다. 이제 너를 만나기만 하면 된다.

* 별타리

낮 동안 쾌활한 하늘에 저녁이 되자
좀체 보기 힘든 별이 수없이 반짝이던 보름밤.
달그림자가 달무리가 되듯이
숨어 있던 우울의 유전자가 발원을 한다.
잠잠하길래 떠난 줄 알았다.
한동안 나서지 않는다고 사라졌던 것이 아니었다.
힘들어함이 안쓰러워서 드러내지 않았을 뿐.
방심하지 말라는 경고처럼 가을바람이
서늘함으로 느슨해진 실핏줄을 긴장시킨다.
나의 세상이 너에게 한정된 이후로
너를 벗어날 엄두도 내지 못했다.
단지, 가끔 한눈을 팔며 속절없이 빠져드는
침울함에서 벗어나고 싶을 따름이었다.

네가 떠나고 나의 세상은
내 안으로 파고들어 좁디좁아졌다.
그래서 가끔씩 바라보게 된 하늘이 두렵다.
보이지 않는다고 달을 에워싼 별타리가 없지 않듯
네가 없어도 여전히 나는
너의 울타리 밖으로 나가지 못하는 것이다.

* 문신

그대에게 닿았던 곳도, 그대와 함께했던 때도
그대를 놓아주었던 곳도, 그대를 다시는
볼 수 없게 된 때도 이즈음 가을이었습니다.

바람이 건조해지고 구름이 맑아지면
가슴이 투명해집니다.
진득하게 사랑을 도모했고
뼈마디가 산산조각 나는 것보다 아팠던 이별이
가을 하늘을 치밀하게 응축시켜서
반들반들한 거울처럼 나를 반사시킵니다.

사랑하는 것도, 이별하는 것도
모두가 아픈 시간입니다.
뜨겁다 차갑기를 반복하는 애틋함에 너울을 타고
애끓다 터져나가는 슬픔의 소용돌이에 빠져
감정이 파열되는 것을 막을 수 없습니다.

마음속에 파문 같은 문신이 새겨진 가을입니다.
그대를 사랑하게 돼서, 그대의 손을 놓아야 해서.

* 소맥처럼

적당히 취하고 싶지 않았습니다.
대충 마시다 말고 싶지 않았습니다.
독하게 살아야겠다는 다짐을 한 지가
꽤나 오래되었습니다.
그렇지만 모질어지지가 않습니다.
자주 뒤를 돌아보게 됩니다.
회상은 다잡았던 마음을 약하게 합니다.
어제도 오늘도 아닌 시간의 혼숙에 자빠져 있습니다.
소주와 맥주를 섞듯 금방 뜨거워지면 좋겠습니다.
적당히 살고 싶지 않습니다.
대충 살고 싶지 않습니다.
소맥처럼 빨리 달아오르고 싶습니다.
나에게 나는 끝까지 다부지다는
믿음을 주려 합니다.

* 대추나무에 가을이 걸렸다

가을은 익어 가는 계절이다.
결실은 익어야 완성이 된다.
사람도 자기를 지키며 분수만큼 익어 가야 한다.
익을 수 없으면 그 부족만큼 앓아야 한다.
모자라게 살았어도, 과잉을 살았어도
잘못되었다고 단정할 수는 없다.
그러나 덜 익고, 더 익어 버리면
가치의 기준에서 벗어난다.
대추나무에 알알이 하늘이 깃들어 있다.
가을이 야무지게 영글어 걸려 있다.
가을 앓음을 숙성시켜야겠다.
잔기침 몇 번으로 끝이 나기를.
속을 다 긁어내며 피 멍이 들어야
보낼 수 있었던 가을이
이번엔 대추만큼만 붉게 물들이고 지나가기를.
살짝 발그레해진 눈시울에 가을 들었다.

* 대추 타작

타작이라는 말을 써도 되는지 모르겠지만
딴다는 표현보다는 어울리는 풍경을 본다.
나무에서 대추알들이 후드득 장대비처럼 떨어진다.
땅을 향해 쳐져 있던 가지들이 무게에서 놓여진다.
지고 있는 삶의 짐들을 풀어놓아야 가벼워진다.
결실을 지키는 것은 구속된 자아를 유지해야 한다는 것이다.
마음이 거추장스러움의 훼방을 받는다.
알맹이를 다 털린 나무가 편안해 보인다.
하늘을 향해 들린 가지 사이마다 옹골진 햇살이 드나든다.
타작을 맞은 대추나무처럼
생의 무게를 내려놓고 느슨해지고 싶다.

* 변신

   가려운 곳이 많아졌다. 볼록 나오기 시작한 배가 여간 해선 들어가지 않는다. 상처가 생기면 아무는 데 오래 걸린다. 피부에 붉은 반점들이 생긴다. 변신을 하고 있다.

   마음이 상하면 원래로 돌아가기가 쉽지 않다. 시끄러운 곳은 피하게 된다. 싫은 일은 관심도 가지 않는다. 비난을 받게 되면 심술이 난다. 귀찮으면 아예 하지 않는다. 퇴화되어 가고 있다.

   그러면 어때. 지금 모습이 나라는 걸 부정하고 싶지 않다. 살아온 시간만큼 지긋해졌고 흔들림이 적어졌기 때문이다. 퇴화도 변신으로 받아들인다. 상황에 맞게 적응해 가고 있는 것이다. 급하게 살고 싶지 않다. 모든 걸 잘하려 하고 싶지 않다. 하고 싶을 때 하고, 할 수 있을 때 하면 된다. 삶에 억지를 부려 봐야 변해 가는 나를 막을 수 없다. 잘 변하자.

✱ 눈치

햇살이 서글거리는 가을이다. 색깔을 입으며 익어 가는 나뭇잎이 세밀하게 부는 바람의 결을 타고 살이 두툼해진 상수리가 풀숲에 뒹군다. 그냥, 오늘같이 맑은 날에는 지나가는 사람들이 쳐다보거나 말거나 빈둥거리고 싶다. 지겨워질 때까지 이면 도로에 생뚱맞게 차려놓은 커피집에서 길가에 내놓은 의자에 앉아 해바라기나 하고 싶다. 투명한 햇빛이 머리를 관통해 배 속까지 내려가도록 투과의 길을 내주고 싶다. 아무 상관도 없는 사람들에게 신경 쓰지 않고 부스스한 몰골을 창피해하지 않고 오직 나에게 나는 오늘 어떤가 눈치를 보고 싶다. 남들에게 보여지는 나를 위해서 살지 말자. 진짜 잘 보이려고 눈치를 봐야 하는 것은 나였다. 나에게 멋있어지자. 나에게 참다워지자. 햇볕 목욕을 하며 가을을 숙성시키고 싶은 날이다.

* 떠나지 말아요

떠나는 사람은 알지 못합니다.
추억이라는 말의 뒷면을 안아야 할 사람의
가슴이 얼마나 좁아지는지.
돌아오는 것만큼 떠남도 선택입니다.
복귀는 다시 시작해 보겠다는 단호한 각오겠지만
떠남은 궁지에 빠진 자신에 대한 회피입니다.
오죽하면 지체하지 못하는 결심을 하겠거니 이해는 하지만
방관자로라도 남아서 다른 선택의 길을 모색해 볼
시간을 가져 보기를 권해 봅니다.
하나의 길만 가며 살 필요는 없습니다.
오솔길에도 사잇길이 있듯이
뜻밖의 길을 만날 수 있을 겁니다.
가을은 돌아오는 사람보다
떠나는 사람이 많아서 쓸쓸해집니다.
가지 않고 온 사람의 어깨를 걸고
함께한 시간과 함께할 시간을 약속하며
색 고운 단풍나무 사이를 같이 걷고 싶습니다.

* 이음새

가다가 돌아와야 한다고
속에서 천불이 났어요.
어쩌겠어요. 힘을 다해 쫓아가도
지름길을 질러 따라가도
보일 기미가 없다면 멈춰야지요.
이미 늦었다고 되풀이 중얼거리면서도
서지질 않아요.
당신을 곁에 두고 있던 그 때처럼
겨드랑이가 따습거든요.
헤어졌다고 전부 끝난 건 아닐 거예요.
아직 우리가 누린 온전한 온도가
마르지 않았거든요.
우리가 공유한 기억이 이음새로 남아 있는 한
끝나지 못한 끝에 머물러 있음을 간직할게요.
지금은 사랑하지 않아요.

그런데도 끊어 내지 못하는 이유는
격하게 엉겨 붙도록 한 용접이 풀리지 않게
쇠통의 이음새가 단단했기 때문이지요.
너무 지나쳤어요.
당신이 나였음을 잃을 수 없는
시간을 벗겨 내지 못하는 것이.

* 사랑 별거 아니다

같은 침대를 쓰고
같은 식탁에 앉고
비슷한 말을 하고
표정이 닮아 가며
사는 것.

사랑 별거 아니다.

거창할 이유 없고
호사스러울 배경도 필요 없다.
함께 마음을 공유
하는 것.

사랑 별일 아니다.

* 현역

지나간 시간을 잊겠다고 해도
지울 수 없다는 걸 압니다.
지나간 건 그냥 지나갔을 뿐이고
다시 돌이키지 못할 테니까요.
사랑했었다고 말해야 한다면
지금도 그렇다는 게 아닙니다.
사랑한다고 말해도 좋을
오늘을 살고 싶습니다.
현실에서의 역할이 좋은 삶을
살아야겠습니다.
맺었다 푼 감정이 지금을 구속하면 안 됩니다.
잔 떨림에 마취되어 잠 못 이루는 밤을
기억의 파편을 맞으며 방치해야 하고
가슴 미어지지만 모른 척해야 하기도 하는 게
그랬었다는 말의 뒤에 숨어 있습니다.
지금 이렇다는 말을 하며 살겠습니다.
이제 과거형의 어떤 말씀에도
흔들거리지 않겠습니다.
삶을 당당하게 누리고 있는 현역이니까요.

* 의미가 특별함을 만든다

특별함은 만들어진다.
의미를 주게 되면 특별해지는 것이다.
애초부터 특별한 것은 없었다.
모두에게 특별해진 것이 있는가 하면
나에게만 특별한 것이 있다.
나 아닌 다른 모두에게 특별할지라도
나에겐 특별하지 않는 것이 있듯이
그와는 반대인 상황이 있음도 인정해야 한다.
시월의 마지막 날이 저문다.
가을의 끝자락이라서, 겨울로 진입하는 초입이라서
특별해졌다고 할 수 있지만
어느 가수의 유행가 가사에서 애절한 이별을 하고
잊혀져 가는 계절이라는 의미가 주어져서
모두가 특별하게 생각하는 날이 되었다.
의미가 특별함을 만든다.

내가 눈을 동그랗게 키워 뜨고
볼수록 보고 싶어진다는 말을 할 때마다
너는 대체 불가능의 특, 특별하다는 의미를
반복하고 있는 것이다.

* 아무 것도 하지 마

안 할수록 편하면 아무 것도 하지 마.
하려다 상하면 본전도 없다.
불편해하면 관심도 끊고
싫어하면 멀리 떨어뜨려 놔 주는 것이 좋을 때가 있다.
무심하게 두고 먼발치로 지켜보는 것,
주목받음이 익숙해지지 않은 사람에게
지나치게 잘해 주려 하면 할수록 어색해진다.
안 하는 것이 좋을 때라고 여겨지면
뭣도 하지 말자.
좋고 싫음은 내가 아니라
받는 사람의 맘이 우선이라는 것에 수긍하자.

* 쉼 소리

　숲에 들어갔습니다. 가만히 있어도 바스락 소리를 냅니다. 단풍나무도, 상갈나무도 아니었습니다. 발이 빠른 다람쥐도 아닌 것 같고 새까만 날개를 펼친 까마귀도 아니었습니다. 신발에 밟힌 나뭇잎인가 다시 한 번 밟아 봤습니다. 귀에 들리지 않는 부딪침이었을 뿐입니다. 내 귀를 간질이는 소리는 심장 소리였습니다. 숲이 나에게 속삭이는 말에 반응하며 자꾸 멈추기를 반복하는 맥박 소리였습니다. 숲이 전해 주는 숨소리가 좋았던 겁니다. 잘 쉬러 왔다고, 잘 쉬다 가라고 나무 사이를 통해 보내 주는 샛바람 소리, 쉼 소리에 가을을 타는 단맛을 봅니다.

* 끝물 단풍

보내지도 붙잡지도 못할
끝물 단풍이 들었습니다.
너를 기다린 시간도 그랬고
너를 보내야 했던 시간도
나에겐 물올랐다 물 말라 가는
끝물이었습니다.

* 커피 타 올게요

그대는 비가 내리고 있는 은행나무가 훤히 보이는
창가에 그대로 앉아 있으면 돼요.
비처럼 내려앉는 은행잎을 보면서
낮은 신음 같은 한숨이나 쉬고 있어요.
바라보는 시간이 다였어도 후회 같은 찌끄레기가
남지 않았으면 하는 마음이 통한 그 때를
더듬어 보면 어떨까 권해 주고 싶어요.
함께 머리를 쓸어 올리던 바람이 지나갈 거예요.
서로의 손을 포개 잡았던 우산 아래서
가느다랗게 주고받았던 웃음이 생각나기도 하겠지요.
어때요, 겨울비 찰박거리는
창밖을 내다 볼만하지 않나요.
나는 그대에게서 나던 향기를 채워
커피를 타 올게요.

* 그대에게 가는 길

그대에게 가는 길을 똑바로 가지 못합니다.
깊은 산이 버티는 것도 아닙니다.
건너기 어려운 물길이 막고 있지도 않습니다.
기껏 머릿결을 흩트리는 바람이나 부는
작은 골목을 지나면 어렵지 않게
그대를 만날 수 있습니다.
그러나 저려 오는 마음이 다리 근육의 힘을 뺍니다.
멀리부터 골목의 입구가 보이기만 해도
눈이 급격하게 충혈되어 방향을 놓칩니다.
그대를 만나고 나면 등을 보인 채
돌아 나올 수 없을 것만 같아
가다가 주저앉고 일어서는 시간이 길어집니다.
익숙한 생경함에 잡힌 걸음걸이가 서툴러져
내딛는 보폭이 줄어들기만 합니다.
그대에게 가고 있는 길목이
나에겐 세상에서 가장 길고 험합니다.

* 변명

그러겠다는 말도, 그랬다는 말도 변명이다.
지금도 마찬가지다.
오직 너에게만 통하는 변명을 또 한다.

사랑하려 했고 사랑했다.

* 自話書 (자화서)

　눈썹이 제법 굵고 진한데다가 눈매가 가늘어서 날카롭다는 말을 자주 듣는 편이다. 코는 오똑하고 큰데다 입꼬리는 쳐져서 웃어도 호탕해 보이지 않는다. 이마에 깊은 세 가닥의 주름이 계급장처럼 걸려 있고 여드름 자국이 순탄치 못한 삶의 흔적처럼 고루 퍼져 있다. 인상 좋다는 말은 별로 들어 보지 못했다. 예민하다는 말로 성격이 까탈스러울 것 같다는 경계심을 돌려 들으며 살아왔다. 검고 두껍던 머릿결이 희끗해지고 가늘어졌다. 다행히 머리숱은 무성하다. 부분적으로 잘났다고 우겨 볼 만한 구석이 별로 없다. 그렇다고 전체 윤곽이 오밀조밀하지도 않다. 생긴 대로 살고 있다는 말에 동의한다. 급한 성격에 감수성까지 예사롭지 않다. 빨리 달아오르고 빨리 수그러든다. 해야 할 일은 싸 놓고 보지 못하고 하기 싫은 일은 거들떠도 안 본다. 사람을 알게 되면 나를 싫어하지 않는 한 진득하게 오래간다. 그러나 많은 사람을 사귀려고 하지는 않는다. 사람과의 관계는 양보다 질이 우선이라는 원칙에 집착한다. 거의 매일 단 한 줄이라도 글을 쓰면서 곰곰이 나를 다스린다. 엇나가며 살지 않기 위해서 그리고 생각을 단단히 하기 위해서. 나에게 나를 위로해 주는 가장 좋은 방법이 글쓰기다. 이런 나를 싫어해 본 적은 없다. 지나치지 않다고 자평을 하면서 평범한 자존감을 가지고 산다. 지나온 시간을 그렇게 살아온 것처럼 앞으로의 삶도 별반 다르지 않을 것이다. 생긴 것만큼 달라지려야 달라질 수 없다. 나는 나대로의 나여야 하니까.

* 우산살을 부러뜨리는 이유

나는 분위기에 민감하게 반응합니다.
겨울비가 온다는 소식을 접하자마자
주책없이 나태해집니다.
대책 없이 바들거리며 이불을 둘러쓰고 덜덜거립니다.
빗방울 소리가 들리기도 전에
이미 몸이 처져 버리기 때문입니다.
살갗을 얼얼하게 하는 찬비를 무조건 나에게
너그러워지라는 명령으로 받아들입니다.
한숨 선잠이라도 자야 밀고 들어오는
그리움의 허기를 외면할 수 있기 때문입니다.
그렇지 않고서는 가슴 바닥에서 회한의
소용돌이가 일어나는 순간을 나는 견뎌 내지 못합니다.
감은 눈꺼풀 속으로 파노라마처럼 눈 뜨고 지켜야 했던
이별의 모션 캡쳐들이 연달아 지나갑니다.

까만 우산을 쓰고 잠결을 걸으며 우산살을
하나씩 부러뜨리다 보면 추억이라고 봉인해 두었던
그리움에서 끌려 나갈 수 있을 겁니다.
겨울비가 오고 나면 기억을 받쳐 내야 하는
새 우산을 장만해야 합니다.

* 빙하 장례식

살아 숨 쉬는 생명체만이 죽는 것이 아닌 모양이다.

아닌가! 존재하는 모든 사물은 생명체라고 봐야 하는 건가?

호흡은 입으로만 하는 것이 아니지 않는가.

허파가 있는 동물은 허파로.

엽록소가 있는 식물은 잎으로.

숨을 들이마시고 내뱉을 수 없는 것들은 겉면으로.

그러므로 존재 자체가 삶과 죽음을 품고 있는 것으로 봐야 할 것 같다.

700년을 살아왔던 빙하가 소멸됐다.

빙하에게 소멸은 죽음이다.

빙하와 화산이 공존하는 아이슬란드에서

긴 삶을 마감한 빙하 장례식이 열렸다.

환경 파괴로 인한 지구온난화가 살인범이다.

아니다. 높아진 기온은 종범(從犯)일 따름이다.

지켜야 할 환경을 부수고 태우고 쓰다 버리며

막대한 인간이 주범(主犯)이다.

빙하 장례식은 위태로운 인간 장례식을 상징하고 있음을 자각한다.
나를 막 대하지 말자.
소중히 다뤄 주고 잘 간수해 주자.
소멸하는 날 장례식이 위태롭지 않게.

* 당연의 함정

당연하다고 여겨지면 거저 얻어진다고 믿고 맙니다.
그러나 세상에 처음부터 당연한 것은 없습니다.
당연이라는 말이 될 때까지 수많은 갈등과
타협의 싸움이 있었다는 것을 간과하면 안 됩니다.
지금 당연한 것이 어제까지 그렇지 않았을 수 있는 것처럼
내일도 당연할지는 알지 못합니다.
새로운 의문이 일어나고 새로운 합의가
이뤄질 수 있기 때문입니다.
또한 나에게 당연하다고 다른 사람에게도 그럴 거라고
당연을 당연시하면 안 됩니다.
당연에는 보편적 의견이 덧씌워져 있을 뿐입니다.
사람마다 생각의 기준이 다르듯
받아들이는 기준도 다릅니다.
당연은 상대적 진실에 가깝습니다.
변함없으리라는 절대성의 미끼를
꿰고 있는 낚싯바늘과 같습니다.
당연의 함정에 빠져 게으름을 피우고 있는지 의심하면서
정의롭게 살아가고 싶습니다.

* 사소한 슬픔

오늘 갖게 된 울컥한 감정이
특별한 슬픔이 아니란 것을 압니다.
항상 품고 있던 사소함이 잠시 사이에
표면으로 올라온 것이지요.
슬픈 감정이 완전히 가시지는 않습니다.
그러지 말라는 이성에 눌려 있을 뿐이지요.
모든 착잡함은 사소합니다.
지극히 일상적이고 개인적입니다.
감당하지 못할 수준의 슬픔이란
사실 뼈가 저리는 고통이라고 해야 합니다.
너무 아프면 슬픔이 아니라 재앙이기 때문이지요.
사소한 감정들을 버무리며 삽니다.
가끔 꺼내 젖어 들면 톡 쏘는 생 겨자처럼
나를 나일 수 있도록 깨워 주니까요.

* 새벽 소주

맛이 짜하다. 평소 마시던
맛과는 사뭇 다르다.
입맛이 돌지 않는다.
준비되지 않은 갑작스러움 같다.
대비 못하고 받아들여야 하는
반가울 수 없는 일처럼
쓴맛에 적응이 안 되면서도
잔이 비워질수록 내성에 빠져든다.
입술에 가져가는 손길이 자발적이 된다.
어색한 처음도 자꾸 되풀이하다 보면
새벽 소주 같이 본능을 마춰시킨다.
살아내야 하는 오늘의 맛이다.

* 길목

당신은 그대로 있으면 돼요.
찾아가는 건 내 몫으로
이미 정해져 있어요.
당신의 무심한 해찰이 아무리 나를
뒤숭숭하게 하더라도 지치지 않을
자신이 있어요.
당신은 당신의 자리를 지켜요.
마중 나오는 수고를 하지 말아요.
엇갈리면 공연히 시간만 지체돼요.
어디에 있어도, 어떤 시간에 있어도
항상 그 방향을 향해 가고 있을게요.
나에게 갈 수 있도록 허락된 길은
당신을 향해 난 길목밖에 없으니까요.

* 여행의 의미

　지출을 줄여야겠다는 생활의 긴축을 달성하기 위하여 제일 먼저 여행을 중단했다. 비용과 시간 그리고 준비 과정의 고단함을 감수해야 하는 고비용의 일정이기 때문이었다. 그런데 여행을 가지 않아서 축적된 비용이 다른 곳으로 소모가 된다. 계절에 맞추기 위해 옷을 사고 옷에 따라 신발도 바꾸게 된다. 몸이 축난 것 같아 영양제를 사들인다. 집 안의 분위기를 바꿔 보고 싶어진다. 차에도 액세서리가 늘어간다. 소비를 줄인다는 건 쉬운 일이 아니다. 아껴서 저축을 하겠다는 애초의 생각은 사라지고 둘러볼수록 그동안 무심히 방치했던 부족이 눈에 들어온다. 여행을 중단해 돈의 낭비를 차단하겠다는 생각은 핑계에 지나지 않았던 모양이다. 쓰며 살아야 할 비용은 그 나름의 규모가 생활에 베여 있기 마련이다. 한쪽을 줄이면 그동안 외면했던 필요들이 눈에 들어온다. 단풍 소식이 들려온다. 가을이다. 여행을 다시 시작해야겠다. 전자제품을 바꾸고 커튼을 새로 하는 것보다 삶의 시간에 적응시켜 가는 것이 훨씬 나를 위로해 주는 것이란 걸 뼈가 찬바람에 간지럽힘을 당하면서 느낀다. 아무리 좋은 물건일지라도 마음을 새로 바꿔 주지는 못한다. 일시적인 만족일 뿐이다. 나를 나이게 하고 나를 다른 나로 만들어 주는 것은 역시 여행이다.

* 담백하자

    잘했다. 여태 마음 빚 갚으며 사느라 힘에 붙였을 걸 안다. 밥을 먹으면서도 구석진 자리에 옹송그려 앉았다. 허기보다는 지고 있는 짐을 벗겨 낼 때까지 모질게라도 살려고 먹어야 했을 것이다. 마음을 파고 집을 지은 아픔을 허문다는 건 살아오면서 오랫동안 구축해 놓은 세계를 완전히 무너뜨려야 한다는 것과 같다. 고맙다. 덜어 내고 파내도 줄어들지 않는 빚더미에서 단단히 버티고 살아와서 대견하다. 앞으로의 시간도 별반 달라지지 않을 것이다. 이제껏 해 온 것처럼 배고프지 않아도 때가 되면 밥을 먹고 견디기 힘든 심란함에 잡히면 쓴 소주라도 한 컵 마시면서 있는 그대로의 시간을 살아가면 된다. 십이월의 끝에 이르면 살아 낸 순간들의 합을 돌이켜보며 잔 박수를 쳐 주며 잘했다고 고맙다고 자찬이라도 실컷 해 주며 살자. 조금씩 좋아지고 있다는 걸 만들어 보는 거야. 애썼다. 담백하게 살자.

다섯째 장,

글쎄,
생각 중이야

* 마음 맞추기

맞춘다는 건 통한다는 말인데
상대가 정해져야 합니다.
운명적이라든지, 얼떨결에라든지
사연이야 다르겠지만 불꽃이 튀어야 합니다.
떨어져 있는 거리가 무색하도록
저릿저릿하게 전기가 통해야 합니다.
눈 맞추기, 입 맞추기, 손 맞추기.
맞춘다는 것은 신체의 부위가 닿거나 마주 보는
유형의 행위가 됩니다.
볼 수 있고 만질 수 있는 맞추기가 성립하기 위해서는
전제의 맞추기가 반드시 있어야 합니다.
가장 까다롭고 번거롭습니다.
맞았는지 안 맞았는지 확신을 갖기가 어렵습니다.
망설임의 근원이기도 하고
섣부른 판단이 관계를 망치는 원인이기도 합니다.
간절한 끌림의 신호에 서로가 동시에 응답하는 것.
마음이 맞아야 맞추기는 완성됩니다.

* 그리워서, 생각나서

배는 고픈데 먹기는 귀찮을 때 있잖아,
식욕은 왕성한데 무기력해진 몸을 움직이기 싫은 것처럼
몸이 주는 신호를 수용할 수 없는 때가 있어.
그렇게 이러지도, 저러지도 않고 있고 싶은 상태같이
찬바람이 불기 시작하면 지웠다고 우겼던 날 앞으로
붙잡으려 애쓰던 마음이 저절로 가 있어.
당황스럽지만 그다지 싫지도 않아.
무릎 담요를 다리 위에 올려놓고 LED등을
환하게 밝힌 거실에서 알싸해진 눈자위를
창밖에 고정하고 있을 밖에 없는 시간이지.
마른 침을 삼킬 때마다 목이 아파.
눈을 깜빡이면 눈동자와 눈꺼풀의 마찰 소리가 들리기도 해.
큰 걸음으로 달려온 겨울이 유리창에
성에를 끼게 하는 저녁은 오래도록 저물고
새벽이 올 때까지 나는 그 자세 그대로 굳어 있게 돼.
그리워서 그래, 맑은 하늘이 수북하게
눈발을 쏟아 내던 그날 등을 돌리고 떠난 네가 생각나서.

* 고민이 없으면 더 고민이다

　나는 고민이 없을 거란다. 혼자서 살고 있고, 다니는 직장도 탄탄한 데다가, 집도 있고, 차도 있고… 갖출 것은 다 갖췄는데 고민거리가 있으면 안 된단다. 졸지에 부자가 된 듯하다. 마음 부자, 집 부자, 편한 부자. 그런데 어쩐다냐. 고민이 많은 걸. 혼자 있으니 늘 심심하고 외롭다. 집도 차도 있지만 덜렁 혼자여서 쓸쓸하다. 정년이 보장된 직장이지만 매일 크고 작은 일들에 치이면서 별의별 스트레스를 받아야 한다. 나이가 들어가니 몸 이곳저곳이 삐걱거려 건강도 큰 걱정거리다. 집안 곳곳에 건강 보조 식품과 두통약, 동전 파스, 상처에 바르는 연고, 소독약 게다가 약술까지 널려 있다. 걱정과 고민이 없는 것처럼 보인다니 그것이 더 고민이다. 신간 편하게 보이는 사람에겐 다들 관심이 멀어진다. 고민이 없게 보이면 연민도 사라지고 다른 세상의 존재처럼 여겨지기 때문이다. 나는 사람들의 관심에서 벗어나고 싶지 않다. 가뜩이나 혼자여서 삶이 무료하고 적적한데 외면되고 잊히면 삶이 무감각해져 버린다. 나는 아직 맹렬히 사람들과 섞이면서 살고 싶다. 각자가 가진 고민의 무게가 크다 보니 자신의 고민을 빼고는 생각의 폭이 좁아진다는 걸 인정한다. 누구나 고민 없이 사는 사람은 없다. 드러내도 좋은 고민이 있는가 하면 드러낼 수 없는 고민을 모두가 가지고 산다. 드러내서 호응받지도 못하고 해결될 수 없는 고민을 갖고 사는 사람이 가장 고뇌가 크다. 떠벌릴 수 있는 고민은 심각한 고민이 아닐 확률이 많다. 고민이 없을 것 같은 사람이 더 심각한 고민을 지니고 있을 확률이 높다. 고 위험의 정신적 압박을 지니고 있는 사람일 수 있다. 나는 고민을 아무렇게나, 어디서나, 아무에게나 말하지 않는다. 나 이외 다른 사람이 해결해 주지 못할 고민을 떠벌릴 이유가 없다는 걸 안다. 그래서 고민이 없을 거라는 오해를 받는다. 고민이 없는 게 더 고민이다. 고민거리들은 삶을 나태하게 살지 못하게 해 준다. 적당한 긴장감을 유지하게 하고 해결의 실마리를 찾기 위해 멈추지 않고 움직이게 해 준다. 고민은 정신적, 육체적 활력을 유발하기도 하는 삶의 중요한 구성분이다.

* 작은 것이 전체를 흔든다

　잠시 비가 멈춘 사이 열흘 전에 선점해 두었던 가구가 들어온다는 연락이 왔다. 칙칙한 분위기를 바꿔 보려고 다소 무리를 하기로 했었다. 십 년이 넘게 사용한 돌 침대, 육 년 정도 사용한 검은 가죽 소파. 집 안에서 가장 큰 면적을 점유하고 있는 존재들이 시간이 지날수록 낡아 가는 나처럼만 느껴져서 답답했다. 오래된 것이 좋을 수도 있다. 시간을 먹고 익어 가는 담금 술, 햇살과 바람을 품었다 뱉어 내며 자연을 품어 안은 장독대의 된장, 간장. 대체되지 않는 정을 주고 나누며 살아가는 사람. 그러나 바꿔야 할 때 바꾸지 않으면 삶을 망치는 것들도 많다. 버릇처럼 길들여진 좋지 않은 습관이라든지 바라볼수록 기분을 가라앉히며 우울하게 연출되는 가구라든지. 정이 들어서, 그리고 아깝고 비용이 많이 들어서 바꾸고 싶어도 결심을 못하고 있었다. 불편한 잠자리 때문에 몸에 자주 들어오는 결림과 지나치게 크고 넓은 다인용 소파에 붙어 있는 불안정은 도가 지나쳤다. 구경이나 해 보자고 찾아간 가구점에서 누워도 보고 앉아도 보다가 등을 품어 주는 침대를 만났다. 엉덩이를 감싸 주는 소파가 놔주지를 않았다. 수백만 원이 넘는 금액을 망설이지도 않고 선뜻 계약했다. "나에게 내가 주는 선물인데 비싸면 어떠냐, 나보다 귀한 존재가 어디 있겠냐. 이 정도는 해 주고 살자." 그런 마음에 사로잡혔다. 새 침대와 소파가 들어왔다. 집이 완전히 달라졌다. 거창하게 삶의 관념을 바꾸겠다는 생각에서 벗어난다. 변신은 일상의 틀을 조금 뒤집는 것으로 충분히 달성할 수 있다. 가구 한두 가지 교체하는 것으로도 집의 가치가 무한 상승 궤도에 올라선다. '작은 것이 전체를 흔든다'는 역설적 진리 하나를 낚아챈다.

* 격리를 격리하다

　상황에 대한 반전은 때가 되면 이루어지게 되어 있다. 마음 졸이며 애를 태운다고 바로 이뤄지는 것이 아니다. 삶의 길은 가다가 멈추고 기다렸다 다시 가기를 반복하는 것이다. 가기도 잘해야 하지만, 멈출 때 멈추고 기다려야 할 시간을 넉넉한 마음으로 기다려야만 다시 갈 수 있다. 단계를 건너뛰려 하다 사고가 나고 일이 뒤틀린다. 2년이란 기간 동안 안달을 내며 팔려고 했던 집이 드디어 팔렸다. 팔려고 애쓴 이유는 평범한 생활로부터 나를 격리시킨 집이기 때문이었다. 최고의 행복을 누리기 위해 마련한 집에서 나는 모든 것을 잃어버렸다. 사별을 경험하게 하고 삶의 근원으로 품었던 가족이 해체되었다. 그 깊은 상실에서 벗어나기 위해 다른 거처를 찾아 이동을 하고, 헐값으로라도 처분을 하고자 했으나 격하게 나로부터 떨어지지 않고 달라붙어 있었다. 이제 계약을 하자는 사람이 나타났다. 격리를 격리하게 되었다. 집 하나 파는 것이 아니다. 달라붙어 마음을 두드리며 피폐를 일으키는 군살을 도려내는 것이다. 새로워질 테다. 몸져누웠던 시절을 격리시키고 완전하게 차원을 바꾸어야겠다. 궁상을 떨며 식당 구석진 자리를 찾아 국밥 한 그릇 후다닥 말아 먹는 처량한 혼밥을 그만두자. 콩나물 한 봉지, 두부 한 모도 남아 버리는 날들을 멈추자. 카트를 끌고 수북이 사재기를 하자. 마블링이 블링블링한 한우 채끝 한 팩, 오돌뼈가 박혀 있는 삼겹살과 생생한 붉은 빛이 도는 연어초밥도 한 팩. 시금치도 감자도 양파도 카트에 가득 담아 계산대에서 너무 많은 돈을 지불해 보자. 사소한 일들에서 나는 분리되어 있었다는 걸 속 썩이던 집 계약서를 쓰며 알아 버렸다. 격리된 상태에서 제대로 격리되자.

* 말의 힘

'말하는 대로'라는 말은 그 자체로 중독성이 강하다. 말은 입을 통해 나오지 않는 한 생각이거나 의념으로 머물러 있게 된다. 어떠한 생각이든 표현이라는 말이나 글의 형식을 취하지 않으면 자신 이외에는 알지 못한다. 글은 썼다 지우고 다시 쓰고 고칠 수 있다. 그러나 말은 입을 통해 나오는 순간 없었던 것으로 하거나 고칠 수가 없다. 말의 취소는 불가능하다. 정정하기 위해 갖은 변명을 가져다 붙여야 한다. 부끄러움을 감당해야 한다. 염치없어 지기도 해야 한다. 여기까지는 잘못한 말에 대한 책임에 해당하는 상황이다. 해야 할 말을 올바르게 한 말은 칼끝보다 날카롭다. 글보다 호소력이 세다. 말하는 사람의 감정이 그대로 전이되기 때문이다. 한 사람의 말이 수많은 사람들을 즉흥적으로 감동시킬 수 있다. 온 세상을 떠들썩하게 동요시킬 수도 있다. 말의 힘이다. 말을 한다고 말대로 다 되는 것은 아니다. 말을 하게 되면 말한 바를 지키기 위해서 노력하게 된다. 자신의 말에 대한 예의고 약속이다. 말에 구속되는 것이다. 그 구속이 곧 말이 가진 힘의 원천이다. 말에 끌려가지 않기 위해서는 말을 하기 전에 말의 무서움을 염두에 두어야 한다. 내가 한 말은 영원히 나를 따라다닌다. 나를 옭아매는 주문이다.

* 소나기처럼

너에게 예상하지 못한 반가움이고 싶다.

등줄기를 시원하게 가라앉히는 산바람이고 싶다.

지쳐서 의욕이 없어진 머리를 세차게 흔들어 주고 싶다.

소나기처럼 느닷없이 소식을 전해도 당황하지 않았으면 해.

생각나면 앞뒤 없이 너에게 나를 쏟아부을게.

* 좋은 사람 바이러스

즐거운 사람 옆에 있으면 저절로 웃음이 난다.
유쾌한 사람과 함께 있으면 흥이 난다.
차분한 사람은 분위기를 안정시키고
성실한 사람은 주변을 편하게 해 준다.
좋은 사람 바이러스에 감염시키기 때문이다.

보이기만 해도 피해 버리고 싶은 불쾌한 사람도
떠올리기만 해도 편안해지는 사람도
주변에 꼭 하나씩은 있다.
삶의 긴장감을 놓지 말라는 양념인 듯싶다.

착하게 살려고 하다가 나 자신을 희생할 필요는 없다.
지나치게 착해 보이면 무시당하거나
손해를 보게 되는 경우가 많다.
상황에 맞춰 적당히 나쁘게도 보여야 함부로 대하지 않는다.
좋은 사람과 착한 사람이 같다는 등식은 맞지 않는다.

다른 사람을 자기에게 강제로 맞추려 하지 않는 사람.

다른 사람의 입장을 잘 헤아리지만

자신에 대한 배려도 잘하는 사람.

자신의 이로움을 위해 남을 이용하지 않는 사람이 좋은 사람이다.

무조건 착하게 사는 것과는 다르다.

좋은 사람 바이러스가 창궐해야 세상이 바르게 밝아진다.

* 불 잠

조금이라고는 못하겠다.
사실 크게 힘겨워.
뜨거워서 숨이 막혀.
잠들면 죽을 거 같으니까.
왜 그런 줄 알아?
가슴에 불이 났어.
꺼지지 않는 숯불이 백탄이 됐어.
8월의 밤은 꿈꾸지 못할 열기에
혼수상태가 될 수밖에.
사랑이 이렇다네.
겪을 때마다 목이 타.

* 평행심

한순간도 예단하면 안 된다.
1초 전과 후가 달라지는 게 마음이다.
천당이었다가 지옥이었다가 이전의 상태를 모른다.

그러나 너에게만은 현재에 머무르고 싶어 하는 것,
그것이 지금 내가 빠져 있는 마음의 본질이다.

눈치를 보고 싶어 하지 않는다. 막무가내다.
갈피를 잡자마자 걷잡을 수 없이 치고 나간다.
평행선이다. 옆길로 빠지지도 않는다.

잘된 건지 잘못된 건지도 따지지 않는다.
직선의 질주가 계속된다.
평행이 단절되지 않는다.

다져지면 그대로 유지하고 싶어 하는 것,
이것이 너를 향한 마음이다.
이 마음 이대로 나는 너와 나란히 평탄하고 싶다.

* 신경정신과

난생 처음 쭈뼛 걸음으로 들어선 신경정신과.
단순한 진단서 한 장이 필요할 뿐인데
절차가 까다롭다.
테스트 문항을 읽고 체크하면서 정신이 아득해진다.
단순한 질문에 여기다 할까, 저기다 체크를 할까.
정신이 산만해진다.
정상이라는 두 글자의 소견서 한 장 받으러 왔다가
긴장감에 지배를 받는다.
정상도 비정상과 마주하면 의심이 든다.

글쎄, 생각이 지나치면 안 될 때가 있네.

✱ 건강검진

해마다 이때쯤이면 의무적으로 건강검진을 받아야 한다. 자기를 지키는 일인데도 받지 않으면 불이익이 부담스러워서 등 떠밀리듯 병원을 찾게 된다. 아니다. 사실은 두려워서 꺼리는 것이다. 살고 싶은 대로 막 살아온 시간이 주마등처럼 밀려와서 무섭다. 어디 한곳 잘못되지는 않았을까 지레 겁이 난다. 검진 예약 날짜가 다가올수록 평소 안 하던 운동도 하게 되고 술자리도 자제한다. 아무 일 없겠거니 스스로를 위로하면서 이번 결과가 좋으면 앞으로는 몸을 잘 돌보며 살겠다고 다짐을 한다. 항상 그랬다. 떨리는 손으로 결과지를 받아 보고 나서 괜찮은 것 같으면 당연하다는 듯 이전으로 돌아가 버린다. 그런데 이번에는 마음 다짐으로만 안 되겠다. 건강한 몸으로 살아가야 할 절실한 이유가 생겼다. 나만을 위해서가 아니라 함께해야 될 사람을 위해서. 나를 지키는 것이 사랑하는 사람을 지키는 것이다. 오늘 하루는 기도하는 마음으로 내일의 검진이 탈 없이 지나가기를 준비하는 긴 시간이 될 것이다. 날마다 삶을 검진받는 심정으로 살아가야겠다.

✽ 種의 분류

된 놈, 덜된 놈, 못된 놈.
種의 구분은 생각처럼 복잡하지 않다.
살다 보면 간혹 이도 저도 아니게 분류가 애매할 때가 있지만
대체적으로 세 가지 유형은 유효하다.

된 놈은 믿음이 간다. 듬직하다. 기대도 된다.
덜된 놈은 조금 아쉽기는 하지만 민폐가 되지는 않는다.
못된 놈은 제 한 몸을 위해서 속이고 협잡질을 하다 모자라면
덜된 놈을 이용하고 된 놈을 탓한다.

아이러니하게 많은 된 놈과 덜된 놈이 사는 세상에서
못된 놈이 가장 행세를 하면서 산다.
엮이고 싶지 않아 피함으로써 무시하기 때문이다.
못된 놈은 피신하는 된 놈과 덜된 놈을 경멸하며
힘이 제일 센 잘난 놈으로 착각을 한다.

어떨 땐 못된 놈으로 살아 볼까 유혹에 빠지고 싶다.
그러나 덜된 것으로 만족한다.

* 마취

얼얼하고 몽롱한 상태가 개운하지는 않다.
나인 것 같으면서도 내가 아닌 것 같다.
가만히 있으면서도 먼 곳에 가 있는 듯하다.

한 잔, 한 잔 시름을 담기도 했다.
생각하다 보면 꽤나 즐거운 순간도 담았다.
사람을 담기도 했고 세상을 다 담기도 했다.
흥분해서 술잔보다 목소리가 넘치기도 했다.
누군가의 신세 한탄에 시무룩해진 적도 있다.

그렇게 취했다.
잊고자 하는 것을 잊기 위해서.
서로가 자축하고 싶은 것을 축하하기 위해서.
취해 가는 이유는 마음을 마취시키고 싶은 것이다.

내가 나이면서 내가 아니고 싶은 것.
어쩌면 서로에게 스며들고 싶은 것.
혼자서는 버텨 낼 자신이 없어서 우리가 돼 버리고 싶은 것.
그렇게 마취되고 싶은 까닭은 단순하다.

* 연민

삶의 모든 시간에 나를 전부로 믿고 살았다.
무너지기를 바라지 않았으나
얄팍한 믿음은 무너졌고
나로부터 나는 낯설어졌다.
지키고 싶어 묶어 놓은 시간이
나에게 주어진 믿음을 지치지 않게 하려
얽맨 도구였음을 알았을 땐
이미 모든 게 망가져 있었다.
이제라도 잘못된 믿음에 연민을 준다.
버리지 못할 게 없는 것처럼 갖지 못할 것도 없다.
나에게 나는 멈추면 안 될 숙제니까.

✱ 간절기

 짧지만 강렬하다. 낮과 밤의 차이가 확연해진다. 생체리듬이 따라가지 못하면 탈이 난다. 간절기는 변화에 맞춰 살아갈 준비를 하라는 적응기다. 마음이 먼저 다음 계절로 가 있어도 안 된다. 몸이 먼저 변화기를 앞질러 가면 환절통을 앓게 된다. 사람을 보내고 기다리는 것도 같다. 보내야 할 때 놓아주지 못하면 마음이 뒤집혀 우울병이 찾아온다. 기다림이 지나쳐 급해지면 울렁병이 생긴다. 마음에도 간절기가 있다. 때가 올 때까지 단단히 자신을 지키고 있어야 한다. 가을 소리가 들려온다. 가 버린 사랑은 아련한 추억으로 놓아줘야겠다. 새롭게 이은 사랑에게 최선을 다해 녹아 들어가야겠다.

* 양심 유전자

사람의 본성은 변하지 않는다는 말에 동의한다.
유전자는 피에서 피로 이어져
외형은 물론 내면까지 닮게 한다.
간혹 변이가 일어나 다른 모습이 되기는 하지만
그럴 확률은 거의 없다.
그야말로 돌연변이를 발생케 하는
화학적, 환경적 강력한 충돌이란 특별한 케이스일 뿐이다.
사람은 바꿔서 쓸 수 없다고 한다.
유전자로부터 이미 잠재되어 형성된 인격은
바뀌지 않는다는 말이다.
교육이 사람을 바꿀 수 있다는 말에 동의하지 않는다.
변화를 조장할 수는 있어도 근본을 바꿀 수는 없다.
변화는 바뀐 척하게 보이는 것일 뿐
언제든지 본래의 모습으로 돌아갈 수 있는 착시다.
온전한 유전자들이 어울려 살아야 탈이 나지 않는다.
갖춰져야 할 유전자 중 과잉이거나 결격이 있게 되면
관계의 균열이 일어난다.

선천적으로 양심 유전자가 왜곡된 사람들이 있다.
자신 외의 자아를 살해하려고 하는
결정적 흠집이 있는 이 유전자는
다른 어떤 유전자보다 우성으로 전이된다.

* 식구라는 단어의 죽음

　밥을 함께 먹어서 식구라고 하는 것이 원래의 개념이다. 그래서 식구라는 단어는 가족이라는 말과 이음동의어다. 한 밥상에 둘러앉아 내 밥, 네 밥 구분 없이 식사를 공유하는 것이 가족이다. 서로의 밥그릇을 돌보며 부족을 덜어 주기 위해 관심을 기울여 준다는 것, 식구의 밥상이 사랑은 무조건이라는 표상 같은 것이 되는 까닭이다. 그러나 이제 식구라는 말은 권위를 세우려는 꼰대나 하는 말이 되었다. 같은 밥상에서 만날 일이 없어졌다. 각자의 식탁이 생겼다. 함께 좋아하는 음식이 없다. 입에 들어갔다 나온 숟가락으로 덜어 줘도 괜찮은 가족이 해체되어 버렸다. 같이 밥을 먹는다고 식구라 부르지 않는다. 동료이거나 친구나 되면 다행이다. 처음 만나는 사람과도 일 때문에 격식을 차리는 불편을 감수하며 밥은 먹는다. 밥을 먹는 것인지 모래알을 씹는 것인지 곤혹스러운 밥상이다. 밥상에 따뜻한 정이 없으면 산해진미, 오곡백과가 두루 갖춰져 있어도 맛이 없다. 차라리 함께 젓가락질을 할 사람은 없어도 단출하지만 편한 밥상이 좋다. 그래서 밥은 거의 혼자 먹게 되어 버렸다. 그게 편한 세상이다. 식구는 접어 두고 밥상 앞에 다정한 관심을 기울여 주는 사람 그림자라도 어른거리면 좋겠다. 이제 식구라는 말은 쓰지 않는다.

* 비 오는 날의 서사

    이유 없이 축축해질 수밖에 없습니다. 창이 열린 카페에서 고인 물에 떨어지는 빗방울이 동심원을 그리다 다른 빗방울과 합쳐지는 모습을 넋놓고 바라봅니다. 저러다 웅덩이가 품을 수 없이 빗물이 쌓이면 어딘가로 흘러가겠지요. 움직이는 것들은 멈춰 있을 수 없습니다. 잠깐 쉴 수는 있겠지요. 그러나 속성을 거역하지 못합니다. 멈추면 본질이 썩고 맙니다. 의자에 엉덩이를 붙이고 가만히 앉아 있지만 의식은 무한대로 확장이 됩니다. 보이지 않는 시간대로 진입을 하기도 하고 오래전에 잊었다고 믿었던 사람들의 얼굴도 보고 옵니다. 움직임이 가장 자유로운 것이 사람의 의식입니다. 완벽하게 통제할 수는 없습니다. 보고 싶은 것만 보고, 생각하고 싶은 것만 생각하고 싶습니다. 그러나 아무리 강력한 정신력을 가진 사람일지라도 거의 불가능에 가깝습니다. 보지 말자고 할수록 더 끌리고 피하자고 다짐할수록 도파민처럼 중독됩니다. 비가 오는 날에는 더 그렇습니다. 빗소리에 취하고 낮게 가라앉은 하늘에 포위되기 때문입니다. 이루지 못해 가슴에 옹이로 박혀 있는 사랑이 그리워집니다. 놓아주기가 죽기보다 싫었지만 손을 놓아야 했던 사람의 그림자에 갇힙니다. 웅덩이를 벗어나 막 흐름을 시작한 빗물을 눈이 따라갑니다. 빗물의 움직임을 따라서 밖으로 나서고 싶어집니다. 어딘가에 있겠지요. 사랑이나 이별이나 의식의 실핏줄을 타고 흐름을 멈추지 않을 테니까요.

* 괴리

오랜만에 만나거나 전화가 연결될 때마다
대화를 잇다 보면 사람들은 현재의 나보다는
과거의 나를 궁금해한다.
어떻게 지냈는지, 무엇을 하며 살았는지.
난 지금의 나를 말해 주고 싶은데.

✱ 아이러니

　힘들다고 생각할수록 더 힘들어졌다. 행복하다는 말을 해 볼 엄두가 나지 않았다. 조금 괜찮아졌다. 다행이라고 다독거릴 여유가 생겼다. 눈꼬리가 올라갔고 입꼬리가 수평으로 찢어지게 되었다. 노력을 해도 되지 않던 웃음이 맺히기 시작하자 안 될 일도 되기 시작했다. 신경 쓰이는 일이 풀려 나갔다. 아이러니다. 나를 모퉁이로 몰아 가둔다고 도달하고 싶은 상태에 이를 수 없다. 간과하면서 무심하게 방치하면서 그때 그 때를 살다 보면 어느 날, 어느 순간에 있고 싶은 곳 근처에 있게 된다. 지금이 그렇다. 잠들지 못했던 긴 시간들을 이어 오면서 바랐던 순간이 눈앞에 당도하고 있다. 멀리에서 가까이 네가 오고 있다는 것을 알고 나서 내 삶의 지형이 급격히 개발되었다. 지워 버릴게. 소멸시켜 버릴게. 나를 버리고 내가 아닌 나를 추종했던 시간을. 이제 나를 위하는 시간은 다가와 준 너를 위해 굳어지는 시간과 다르지 않다. 너는 내 삶의 아이러니한 거대 사건이다.

* 옷 입기 철학

아침 기온이 내려가면 고민이 시작된다. 어떤 옷을 입을까 옷장 앞에서 이 옷, 저 옷을 젖혀 보고 꺼냈다 다시 걸기를 자주 하게 된다. 색이 맘에 들면 두께감이 부족하다. 길이가 맘에 들면 색감이 딸린다. 지나치지 않게 그렇다고 밋밋하지도 않게 옷을 입고 싶지만 옷장의 옷은 마음에 쏙 들어오는 것이 항상 없다. 몇 단으로 세워져 있는 드레스 룸의 칸막이마다 빼곡히 옷들이 들어차 있는데도 정작 입으려고 하면 옷이 없다. 입지도 않으면서 버리지 못하고 전시되어 있는 옷을 두고 철이 바뀔 때마다 새 옷을 사들인다. 옷장에서 풍요의 빈곤이 차고 넘친다. 셔츠와 바지를 입고 가죽 재킷과 트렌치코트를 걸쳤다 벗었다를 반복하다 얇은 카디건을 선택한다. 한껏 계절을 앞서가며 멋스럽게 입고 싶지만 가을이 시작된 지 얼마 되지 않아 둔한 느낌을 줄 거라는 눈치가 보인다. 패션도 함께 어우러져야 한다. 눈치 없이 튀면 눈살을 찌푸리게 만든다. 무대에 올라 워킹을 할 것이 아니라면 자연스럽게 사람들 속에 스며들도록 입는 것이 좋다. 눈치를 보지 않고 사는 사람들이 용감하다는 잘못된 생각을 하는 사람들이 있다. 눈치가 사람의 마음결을 살피는 것이라면 적극 권장해야 된다. 주눅이 들어서, 풀이 죽어서 자신을 드러내지 못한 채 우물쭈물 하는 것이 눈치라고 한정하면 안 된다. 빗나가려는 나를 제어하고 관계의 윤활유가 되는 경우도 많기 때문이다. 개성을 잘 살리며 산다는 것은 자신이 가진 독특한 매력을 사람들 속에 얼마나 무리 없이 스며들게 만드는지의 문제다. 도드라지게 혼자만 튀는 것은 개성이 아니다. 잘난 맛에 도취되어 사는 괴짜일 뿐이다. 어떻게, 어떤 옷을 차려 입을 것인가 라는 옷 입기 철학의 중대함을 말해 보고 싶었다. 비싸고 질이 좋다는 명품 옷걸이가 되지 말고 종류와 색과 가격에도 아랑곳없이 단아하게 어울리는 옷 잘 입는 사람이 되자.

* 조금 더

현재의 나에 대한 불만을 그만두지 못하는 게 문제의 발단입니다. 지금보다 조금만 더 나아졌으면, 지금 미진한 부분이 조금만 없어졌으면 하는, '조금 더'의 유혹은 사람이라면 누구나 가지고 있는 욕망입니다. 그러나 그 욕망을 다 채우며 살 수가 없습니다. 부족은 쉽게 채워지지 않습니다. 금방 채워질 부족이라면 사실 채우고 싶은 부족이 아닙니다. 조금 더 채우면 갈라져 있는 또 다른 틈이 눈에 들어옵니다. 모자람이 거슬리지 않는 사람은 없습니다. 원하는 만큼, 도달하고 싶은 상태에 있게 되기를 바라는 게 나쁜 것은 아닙니다. 정당한 노력이 가져다주는 부족의 매움에 만족한다면 바람직한 욕구임에 틀림없습니다. '조금 더'가 사람을 현실에 안주하지 않고 새로운 세계로 나아갈 수 있도록 하는 원동력이라는 것에 이견은 없습니다. 다만 노력 이상을 원하고, 심지어 노력 없이 이득을 가지려 하는 데서 불편한 관계가 만들어집니다. 사람 사이의 어울림이 파탄 납니다. 혼자 지내는 시간이 오래되면서 내가 가져도 아무런 상관없는 것이 아니면 관심을 두지 않습니다. 굴러 들어온 것도 과한 게 아닌지 살펴봅니다. 욕심이 없어서가 아니라 욕심나는 것이 줄어들었기 때문입니다. 모자람보다 잉여가 더 나를 귀찮아지게 만들기도 합니다. 조금 더 나는 내 것을 덜어 내 볼 궁리를 합니다. 뒤로 물러나는 것이 아니라 나를 단호하게 지키기 위해섭니다.

* 시간 선물

가질 수 없다는 걸 알기까지 꽤나 많이 걸렸습니다.
맘먹은 대로 되지 않아서 속을 태우기도 많이 했습니다.
빨리 간다고 원망한 적도 있고
지나치게 가지 않아서 탓을 하기도 했습니다.
더딤과 빠름의 기준은 오직 내 안에 있는데도 말입니다.
탓도, 후회도 하지 않기로 했습니다.
항상성이 시간이 가지고 있는 본성임을 받아들입니다.
내 것으로 만들려고 욕심부리지 않겠습니다.
가고 있는 방향에 맞춰 걸음을 옮기며
지금의 나를 있도록 배려해 준 고마움을 잊지 않으렵니다.
나를 내려놓고 싶어지는 날들이 많아집니다.
집요하게 잡고 있던 추억을 버려야겠습니다.
갖지 않아도 괜찮아지며 살아 보니
모든 시간이 나에게 주어진
가장 준엄한 선물이었습니다.

* 오늘의 길

무작정 앞을 보고 걸었습니다.
계곡을 따라 숲이 이어지고
벌개미취와 구절초가 한 무더기로 엉켜서
나무와 길을 갈라놓고 있었답니다.
흐르는 물 위엔 벌써 색 바랜 낙엽이 떠내려가고
솔바람은 시월의 어느 날과 작별을 하고 있네요.
그때 나도 그랬습니다.
등을 보인 그대를 보내면서
그대가 있고 없음으로 인한
이전과 이후의 생의 길목에 굵은 줄을 쳤습니다.
시렸던 그 시월의 어떤 날이 생각날 때면
이렇게 걷기를 반복합니다.
아픈 기억을 뒤로 밀어내는 거지요.
가다 보면 진땀이 지나온 길을 지워 주더군요.
이렇게 살게요.
내가 아닐 것 같은 나를 인정해 주는 것,
낯설어져야 익숙해지는 오늘을 만들어 가는 것이
내가 살길이었습니다.

* 그 한마디가 나를 살린다

괜찮으려고 애쓰지 않아도 돼요.
찾는다고 원하는 대로 찾게 되지 않아요.
저절로 괜찮아지진 않겠지만
억지로 괜찮아지려 한다고
그렇게 되지도 않는다는 걸
누구나 알고 있어요.
무심해지면 좋겠어요.
덜렁거리기도 하고 헤프게도 지내다 보면
어느 날, 그 순간에 도착해 있을 거라 믿어요.
간절할수록 그렇지 않은 척 사는 게 필요해요.
매몰되지 않고 한발 치쯤 벗어나 있다 보면
정말 괜찮아져 있게 될 거예요.
지금 안 괜찮아도 돼요.
언젠가 꼭 괜찮아질 테니까요.

* 재채기

불필요하다고 생각했다가 가끔은
필요하기도 하겠다고 불요의 필요를 느낀다.
코끝을 간질간질 애태우다 한순간 뻥 터지면
온몸의 근육들이 탁 풀린다.
재채기 한 번 하는 것도 모든 몸으로 해야 시원해진다.
어디 재채기만 그런가.
눈 한 번 깜빡이는 것도, 이마에 주름 한 줄 잡는 것도.
흥얼거리는 노래 한 자락 부르는 것도 몸 전체를 써야 한다.
신경이 이어진 신경을 연쇄적으로 자극해 줘야
제대로 움직거리고 있는 거다.
올해도 역시 감기는 거르고 넘어가지 않는다.
십일월은 지독한 몸살과 재채기를 달고 지내야 할
신체 리듬을 타고 났다.
달게 받아들인다.
재채기를 할 때마다 막혔던 콧물이 분산하고 목구멍이 뚫린다.
눌러 놨던 미세한 신경과 근육들을 전부 동원한다.
재채기 후에 만끽하는 개운함처럼
시원하게 살고 싶다는 말을 이처럼 돌려 해 보고 싶었다.

✱ 증발

가을은 비우는 시간입니다.
나뭇잎이 나무를 스스로 떠나는 것도 사실은
동면의 고통을 덜어 주기 위해섭니다.
내 삶의 집착부터 놓아주는 것,
가을이 쓸쓸하지만 따뜻한 계절이 되는 까닭입니다.
도랑의 물들은 돌 틈 속으로 스며들고
갈대들은 머리를 하얗게 탈색시키며
몸속의 수분을 증발시킵니다.
비워야 오래갈 수 있다는 것을 알기 때문입니다.
하늘도 물기를 말려 푸름이 깊어지듯
마음에 고여서 나를 곪게 만들었던
그리움을 뽑아내야겠습니다.

* 계획

긴 터널을 빠져나왔다고 생각하자마자 맥이 풀렸다.
오랫동안 슬퍼했고 보상이라도 받게 될 것처럼
그에 버금가는 꿈을 채우는 계획을 가슴에게 획책시켰다.
지쳐서 피로해진 나에 대하여
그 시간을 잊지 않게 해 주겠다는 욕심이었다.
그러나 꿈을 계획한다는 애당초 터무니없음이
터널 밖에서 기다리고 있었다.
현실은 현실로만 연결된다.
생각한대로 이뤄지기를 바라는 것으로
잠깐 동안 행복했으면 되었다.
다른 터널을 향해 다시 돌진하는 반복을 두려워 말자.
나를 운행시키는 주체는 나뿐이다.
지체되어도 받아들이고 막힌다 해도 절망하지 말자.
돌아가기도 하고 꼭 해야 한다면 목숨 걸고 뚫어 가자.
나를 낙오시키지 않는 것이 최종적인 계획이다.

* 약속의 약속

"할 게", "해 줄게", "그렇게 하자", "나만 믿어", "지킬게"
말의 끝에 붙였던 다짐의 끝맺음이 모두 약속이다.
약속은 어느 순간 의도했거나 의도하지 않았거나
수시로 수도 없이 이뤄진다.
새끼손가락을 걸고 엄지 도장을 찍지 않더라도
눈빛이 통하는 것만으로 체결되는 것이 약속이다.
지켜지지 않는 약속, 버려진 약속, 잊힌 약속.
지킬 수 있는 약속, 지킬 수 없는 약속.
지켜지고 있는 약속, 지켜진 약속.
나의 약속도 다른 누군가의 약속과 다르지 않다.
다만 상황을 모면하기 위한 거짓 약속을 하지 않으려 노력한다.
못 지킬 것 같다고, 맘에 안 든다고 해서, 아예 하지 않을 수 없다.
그렇다고 모든 약속을 다 지키지 못한다.
지키려 애쓰겠지만 일부러 외면하는 약속도 있을 것이다.
나의 약속으로 상실에 빠지는 사람이 없도록 하고 싶다.
나의 약속이 불안을 누르고 위로와 안정이 되기를 바란다.
나를 속이기 위한 약속을 하지 않겠다는 약속을 맹세한다.

* 레깅스처럼

이별을 견뎌 가야 할 시간이
두려워서 숨기만 했습니다.
언제까지나 숨어 있게 되진 않을 거라고
나를 설득하는 일이 많아졌습니다.
하지만 가고 있는 모든 길들이,
앉아 있는 다른 자리들이
숨기에 적당했습니다.
두려워 숨는 습관이 굳어져
이제는 드러나는 걸 더 무서워합니다.
이별은 언제나 적응이 되지 않습니다.
오늘까지만, 오늘까지는 하는
미룸에 길들여져 무한한 날들을 숨겼습니다.
그러나 아무리 은밀한 곳에 숨는다 해도
그대로부터 분리된 나를 감출 수 없습니다.
이별은 신축성이 기가 막힌 레깅스처럼
몸에 달라붙어 버렸기 때문입니다.

* 김빠진 맥주를 마시며

싱겁다. 맹탕이다. 찌질하다.
마시다가 냉장실에 방치했던
며칠 지난 맥주를 꺼내 마시다
잊어버릴걸 그랬다, 버릴걸 그랬다,
아낄 필요가 없는 걸 아끼면
간절함이 없어진다는 가볍지 않은
깨우침을 얻는다.
잊어지지 않으면 잃어버릴 수 있어야
좋을 거라는 생각을 한다.
김빠진 맥주를 마셔도
취기가 슬금슬금 올라오는
신체 반응을 무시할 수는 없다.
맛이 없어도 본래 술이라는
항변을 맹숭맹숭하게 하지만
빠져나간 김을 원래대로 충전할 수는 없다.
버릴게. 쏟아 낼게. 남기지 않을게.
김빠진 맥주처럼 이 맛도 저 맛도 아니면
내가 지켜야 할 시간이 아니다.

* 유효기간

사랑에는 유효기간이 있답니다.
그리 길지 않다는 것을 믿고 싶지 않습니다.
영원하다고 끝까지 우기고 싶지만
생각해 보면 불길이 일었다 사그라드는 것처럼
처음과 끝의 온도가 같을 수 없다는 것을 인정해야겠습니다.
무엇이든지 녹여서 하나로 합쳐 버릴 수 있는 용광로에도
꺼지지 않도록 지속적으로 연료가 공급되지 않으면
차갑게 식어 버리듯 사랑에도 둘이서 정성을 들이지 않으면
수명이 다하게 되어 있습니다.
그렇다고 사람의 인연을 폐기 처리 할 수는 없습니다.
정에는 유효기간이 없습니다.
사랑은 끊어져도 정은 유효하게 이어져 있습니다.
그런데 어떤가요.
불같이 뜨겁지 않지만 은근하게 달궈진 정이
변신한 사랑의 분신이 아닐까요.

* 앞담화

바라보고 해야 하는 말이 즐겁지 않을 수 있습니다.
걸리는 것이 많은 말일수록 마주 보고 해야 합니다.
유쾌한 대화면 더할 나위 없겠지만
충돌이 있는 대화의 자리라면 앞에서 하는 것이 좋습니다.
없는 곳에서 하게 되면 헐뜯게 되고
있는지 확인되지 않은 상황들을 확대 생산하게 됩니다.
나를 생각해 주는 사람은 절대 뒷담화를 하지 않습니다.
배려를 가장해 위선을 떠는 사람들이 즐기는 일이
뒤에 숨어서 말을 만드는 것입니다.
괴롭힘을 주게 될 것이 분명하지만 진심이 담긴 말은
차갑게 식어 가는 커피를 마시며 입술이 말라 타들어 가도
일그러져 가는 얼굴을 보면서 해야 합니다.
나를 사랑하고, 나에게 이로운 사람은
앞담화를 해 주는 사람입니다.

* 첫눈을 기다리며

한 번도 하지 않았던 일을 하는 것처럼
가을이 깊어질수록 마음 졸라매며
해마다 기념일을 맞듯이 첫눈을 기다립니다.
왜 그럴까요.
첫눈은 한 해를 보낼 대비를 시작하라는
경계의 사건이기 때문일 겁니다.
지쳐 왔던 시간을 하얗게 탈바꿈하고 싶습니다.
채워지지 않았던 본래의 여백 같은
처음으로 돌아가고 싶습니다.
첫눈이 오는 날 경계를 넘어도 부끄럽지 않도록
하얗게 씻겨 주려고 나는 나를 준비시킵니다.

* 겨울 바다에서

바다가 보고 싶다는 말을 한 것 같았어요.
겨울 바다 파도 끝에 앉아 잔잔히 져 가는 해를
전송해 주고 싶었을 거라고 짐작해요.
밀고 밀리는 잔파도 앞에 쪼그려 앉아서
말 없음으로 언어의 깊이를 곱씹으며
주절거렸던 시간을 반성합니다.
드문드문 찍혀 있는 백사장 위의 발자국에
모래가 토해 내는 물기가 고일 때
당신을 따라 걷던 추억으로
물 샐 틈 없이 스며들고 말았어요.
이젠 아련할 뿐 아프지 않아서 미안해졌어요.
속삭여 봅니다. 물결을 일렁이게 하는
바람이나 됐으면 좋겠다고.
붉게 물들어 몰려드는 밤을 이끌고 오는 노을처럼
당신의 세상과 나의 세계를 잇고 싶어서
지평선 같아지는 수평선을 향해 서 있습니다.

* 협재에 멈춘다

출렁이며 모여든 바닷물이
한참을 흘러가지 못합니다.
흐름의 운명을 잠시 쉬고 싶은가 봅니다.
우윳빛으로 푸름을 탈색시켜 놓고
비양도와 협재 사이를 지키는 등대에
먼 바다의 안부를 전하고 있습니다.
고달픈 여정이었다고 다시 떠나야 한다고
한순간도 고단하지 않은 적이 없다고.
나도 그랬습니다.
멈추지 못하고 쉴 곳을 찾기만 했습니다.
거북한 길과 굴곡이 분명하지 못한 길에
항상 있어야 했습니다.
센 바람이 가슴을 밀어내며
가던 길을 마저 가라고 합니다.
잠시 흘러감을 멈춘 바다처럼
복잡한 머리를 숙이고
등대 밑으로 가서 버티고 섭니다.

이곳이면 좋을 것 같습니다.
떠돎을 그만두고 한동안
쓰러져 있기에 안성맞춤입니다.
푸름과 젖빛 바다가 섞이다
흐름의 완충 지대가 된 협재에서
나도 드러누워 오던 길로 돌아갈지
가던 길을 이어 갈지 가늠해야겠습니다

* 지워 간다는 것

조금만 더 힘을 내 보는 것이다.
될 수 있다고, 그래야 한다고
풀어야 할 숙제처럼 붙들어 내는 것이다.
다음에 해야지 미루지 않고
잡히는 대로 조금씩 지우개질을 해야 옅어진다.

나에게 씌워져 있는 그대를
그렇게 지워 가고 있습니다.

* 같지 않은 같음

같지 않은 같음이란 말이 문득 떠오릅니다.
이질적인 것 같으면서도 묘하게 통할 때
가끔 느끼는 생각 중 하나입니다.

사람과 사람은 다를 수밖에 없습니다.
성향이 비슷하거나 사고의 습관이 유사할 수는 있지만
똑같다는 말을 쓸 수가 없습니다.
유전자가 다르고 염색체의 배열에도 차이가 있어
다른 것이 자연스럽고 정상입니다.

그럼에도 불구하고 동류의 사람들이 모여
서로를 같다고 뭉뚱그려 어울리고자 합니다.
무리를 만들고 무리에 속해야 안심이 되기 때문입니다.
같지 않으면서도 같다는 말로 가치를 인정받아 내
자신의 존재를 부각시키고자 합니다.

당신이 나와 같을 수 없다는 본질을 받아들입니다.
그렇다 해도 같아지고 싶어서 당신 주변을 돕니다.
틈만 생기면 비집고 들어가서
당신의 마음을 훔쳐 내고 싶은 까닭입니다.

* 말의 본질

싸하니 목젖을 적시듯
마음이 젖어야 합니다.
전하고 싶은 의미를 관통시키는 것이
말의 본질입니다.

통하지 않는 말은 장벽이 됩니다.
아무리 유창한 말이라 할지라도
마음에 닿지 못하면 공염불일 뿐입니다.
꾸며지지 않아도 뜻이 전해지면
역할을 다한 겁니다.

번듯하게 하려다 난해해지고
의도가 빗나가기 일쑤입니다.
말의 본질은 전달입니다.

그대의 목소리만 들어도
무슨 말인지 알아듣게 되면 좋겠습니다.
머리를 기울여 생각하지 않아도,
곰곰이 되새기지 않아도
사랑한다는 말로 받아들이고 싶습니다.

우리 사이에 오가는 말은 모두
사랑이라는 의미를 향해 있기 때문입니다.

epilogue

*잘 했 습 니 다

아쉬움은 아쉬운 대로 남겨 둬도 괜찮습니다.
살아가면서 아쉬움이 남지 않는다고 생각해 보면
그 또한 뒤돌아보는 여유조차 없어져 아쉬울 겁니다.
비와 바람으로 나른하게만 살면 안 된다고
태풍이 왔다 갔고 시련을 이겨 낸 과실들은
잘 익어 가라고 태양은 여전히 뜨겁습니다.
새벽과 밤바람은 살갗에 소름이 돋게 하도록 제법 서늘해졌습니다.
잘했습니다. 여름을 여름답게 살아왔습니다.
이제 가을을 가을답게 살아가면 됩니다.
미리 잘하려고 할 필요가 없습니다.
다가온 시간을 그 때, 그 때 살면 됩니다.

잘된 일은 그 순간을 최대로 즐거워하면 됩니다.
양에 차지 않게 마무리가 된 일은 거기까지 될 일이었겠거니
그만두고 미련을 떨지 않아도 됩니다.
오늘만 살고 말 것처럼 비장하게 살지 않아도 됩니다.
살아 보지는 않았지만 내일이 있고 모래도 있습니다.
지금 하지 않으면 다시는 할 수 없는 것이 아니라면
날씨 좋고 분위기를 타고 싶은 날에는 게으름을 피워도 좋습니다.
해야 할 모든 일을 잘해 낼 수는 없습니다.
삶에 치명타가 되지 않는다면 안달을 내지 않아도 될 것이라 믿습니다.
큰일 없이 잘 지냈습니다.
그런대로 맛있게 살았습니다.